Couvertures supérieure et inférieure manquantes

AMOURS
DÉLICES ET ORGUES

DU MÊME AUTEUR

ON N'EST PAS DES BŒUFS.................................. 1 vol.
A SE TORDRE.. 1 vol.
LE PARAPLUIE DE L'ESCOUADE............................... 1 vol.
ROSE ET VERT POMME....................................... 1 vol.
DEUX ET DEUX FONT CINQ (2 + 2 = 5)....................... 1 vol.
LE BEC EN L'AIR.. 1 vol.

Album Primo-Avrilesque, in-18. Prix. . . . . . 1 fr.

Tous droits de reproduction et de traduction réservés, pour tous les pays, y compris la Suède et la Norwège.
S'adresser, pour traiter, à M. Paul Ollendorff, Éditeur, rue de Richelieu, 28 bis, Paris.

ALPHONSE ALLAIS

Amours Délices et Orgues

PARIS
PAUL OLLENDORFF, ÉDITEUR
28 bis, RUE DE RICHELIEU, 28 bis.

1898
Tous droits réservés.

A mon excellent ami

LÉON LAURENT (de Reims)

en souvenir

des Journées de Juin (¹).

(¹) Il s'agit du mois de Juin 1897. (Note de l'auteur.)

AMOURS, DÉLICES ET ORGUES

A LA RUSSE

ou

LA BASANE COLLECTIVE

Si nous voulons rester en bons termes avec le peuple russe, respectons ses traditions, sa foi, son idéal; n'exigeons de lui aucune concession à nos façons de croire et de penser, car, dans une enveloppe souple, l'âme russe est rigide et tout d'une pièce, comme qui dirait une bille d'acier égarée dans un pneu.

De même aussi, n'empruntons à leurs coutumes que celles qui s'accordent à notre complexion, si différente de la leur.

En agissant ainsi, nous éviterons bien des gaffes, surtout celles d'une nature plutôt pénible, comme vous allez pouvoir en juger par ce récit.

Je commence par déclarer que l'histoire n'est pas de moi : elle me fut contée par le célèbre chansonnier américain Raphaël Shoomard, un garçon assez sérieux pour que je puisse garantir la véracité de cette aventure.

C'était, il y a quelques années, au début des manifestations de sympathie entre France et Russie.

Dans certains régiments, ces manifestations avaient pris tout de suite le caractère du pur délire.

Tous les officiers apprenaient le russe, se nourrissaient de caviar et ne buvaient plus que kummel ou vodka.

Au bout d'un mois, dans maintes garnisons, l'astrakan avait doublé de prix.

Parmi les plus frénétiques de ces russophiles, se fit particulièrement remarquer certain colonel d'infanterie, officier dont la rudimentaire intelligence se panachait de la plus exquise brutalité envers le subordonné.

Cet homme de guerre déclara un beau jour qu'il allait mener son régiment à *la russe*.

La discipline russe, il n'y a que ça, pour une armée qui se respecte !

Une coutume militaire russe l'avait particulièrement séduit.

En Russie, quand un colonel arrive devant son régiment, il le salue de la main en disant d'une voix forte : « Bonjour, mes enfants ! »

Et les soldats de répondre, comme un seul homme : « Bonjour, mon colonel ! »

Il fut donc annoncé, au rapport, qu'à la prochaine revue, les choses se passeraient ainsi.

Hélas ! les choses se passèrent autrement.

Le jour de la revue arriva.

Toute la population était rassemblée au Champ de Mars de l'endroit, préfet et notabilités dans une superbe tribune.

Les cœurs haletaient à l'émotion du beau spectacle de bientôt.

Splendide, le régiment, sous les armes, attendait son colonel.

Un petit nuage de poussière, là-bas ! C'est lui, le père du régiment !

Au galop de son petit cheval arabe, il arrive sur le front du régiment, met la main à son shako et, d'une voix de tonnerre, gueule :

« Bonjour, mes enfants ! »

Alors, sans quitter le port d'armes, deux mille mains gauches s'abattent sur deux mille cuisses gauches, produisant deux mille claques formidables.

Le geste se termine en forme de basane ; mais quelle basane mon empereur ! et combien inoubliable !

En même temps, deux mille voix répondent : « Zut ! hé ! vieux daim ! »

Et le plus terrible, c'est que les hommes employèrent, en leur clameur, des expressions autrement vives que *zut* et que *daim*.

Raphaël Shoomard ne nous raconta pas ce qu'il advint ensuite ; mais j'ai tout lieu de penser que l'infortuné colonel n'alla pas plus avant dans son essai d'acclimatation des mœurs militaires russes.

ISIDORE

Mon ami Georges Street m'avait dit :

— En revenant d'Italie, vous repasserez par Vintimile et Nice ?

— Très vraisemblablement.

— Alors, ne manquez pas, quand vous serez à Nice, de pousser une pointe jusqu'à N... et d'aller saluer, de ma part, le brave curé de ce village.

— Je n'y manquerai point.

— Vous le prierez en outre de vous laisser interviewer son perroquet.

— Son perroquet ?

— Son perroquet... Ce volatile est un des plus braves perroquets avec lesquels il me fut jamais donné d'échanger quelques propos.

— La nature de ses propos ?

— Souffrez, mon cher Allais, que je vous laisse la volupté de ce frisson nouveau.

Je n'eus garde, comme aisément vous l'imaginez, de manquer cette promise aubaine.

N... (je fausse à dessein l'initiale de la bourgade) n'est éloigné de Nice que d'une heure quarante-trois minutes de voiture (je fausse également à dessein l'évaluation de la distance et le mode de communication).

L'excellent abbé Z... (je fausse de plus belle) allait précisément sortir, quand je me présentai à la porte de son presbytère.

L'abbé Z... (conservons-lui cette désignation fantaisiste) est un de ces dignes ecclésiastiques comme il en fourmille en Provence, chez lesquels le mysticisme s'est mué, comme par enchantement, en ronde jovialité.

Le brave ecclésiastique fut visiblement satisfait du bon souvenir de l'ami Street.

Il s'informa comment il allait et si, bientôt, on aurait l'occasion de se revoir et de trinquer ensemble sous la lumineuse et embaumée petite tonnelle.

. . . .

— Et votre perroquet, monsieur le curé ? Il paraît que vous avez un perroquet qui n'est pas dans une musette ?

— Dans une musette ! Isidore dans une musette ! Qu'y ferait-il, le pauvre ?

Isidore ! Le perroquet s'appelait Isidore !

Tout de suite — lointaine pourtant, mais pernicieuse encore, influence de Grosclaude ! — je pensai à Isidore de Lara, Isidore de l'Ara !

— Venez, invita l'abbé, venez avec moi.

Et me faisant traverser son petit jardin, le digne prêtre m'amena jusqu'au perchoir d'Isidore, sis au bord d'un petit chemin qui passe derrière la cure.

Telle une petite folle, notre volatile s'amusait à imiter les aboiements du chien, ce pendant que sur la route un épagneul de passage s'éperdait à rechercher son congénère ainsi clamant.

A la fin, Isidore éclata d'un rire interminable ; se sentant bafoué, le pauvre chien se retira lentement.

Isidore m'aperçut.

Une évidente méfiance s'indiqua au rond virant de ses petits yeux, un grommellement de mauvais accueil ronchonna du plus creux de sa gorge.

— Allons, Isidore, sois bien gentil avec Monsieur qui vient exprès de Paris t'apporter le bonjour de ton ami Street. (*A moi.*) Donnez-lui vos doigts à compter. (*A Isidore.*) Compte les doigts de Monsieur.

Je présentai mes mains larges ouvertes, les doigts écartés.

Isidore compta :

— Une, deux, trois, quatre, cinq, sept... M...! je me trompe!

Il reprit :

— Une, deux, trois, quatre, cinq, sept... M...! je me trompe!

Et tant que je lui montrai ma main, Isidore ne se rebuta pas :

— Une, deux, trois, quatre, cinq, sept... M...! je me trompe.

Ce fut moi qui me lassai le premier.

Aussi bien, j'avais fort besoin de mes deux mains pour me tenir les côtes, tant cette petite séance de numération parlée dépassait tout ce qu'on peut rêver de comique!

Et en rentrant à Nice, le soir, doucement bercé par la voiture, je me surprenais à murmurer, moi aussi :

— Une, deux, trois, quatre, cinq, sept... M...! Je me trompe !

LE LION, LE LOUP ET LE CHACAL

FABLIAU BIEN MODERNE

Il était une fois un Loup qui avait un procès de mur mitoyen avec son voisin le Chacal.

Toute tentative de conciliation ayant échoué, on résolut de porter le litige devant la cour suprême des animaux, autrement dit le tout-puissant seigneur Lion.

Le Lion, exact au rendez-vous, battait négligemment de la queue ses flancs redoutables, tout prêt à rendre sentence sous son chêne ordinaire, un chêne d'au moins cinquante louis.

(Comme tout augmente, hein ! Du temps de Blanche de Castille et de son fils, un simple chêne de cinq louis suffisait amplement aux justiciables.)

Arrivèrent les plaideurs : le Loup accompagné de son avoué le Renard, le Chacal défendu par une vieille Pie, insupportable raseuse qui, tout de suite, indisposa le seigneur Lion.

— Assez ! s'écria brusquement ce dernier, ma religion est suffisamment éclairée.

— Ah ! firent les deux parties anxieuses.

— Loup, c'est toi qui as raison ! Chacal, ta cause ne tient pas debout ! Loup, je te livre ton adversaire et t'engage à le dévorer dans l'enceinte même de ce sylvestre prétoire.

Le Loup ne se le fit pas dire deux fois ; en moins de temps qu'il n'en faut pour l'écrire, du pauvre Chacal ne restaient plus que risibles déchets.

Discrètement, le Renard et la Pie s'étaient retirés vers leurs cabinets respectifs.

Quand la curée fut terminée :

— Mon cher Loup, dit le Lion, tu me feras plaisir en venant ce soir chez moi me remercier de ma sentence.

— Entendu, Seigneur. A ce soir.

Le Loup n'eut garde de manquer à sa parole : vers sept heures, sept heures et demie, il pénétrait dans la tanière du magistrat suprême.

Le Lion, comme en façon de familiarité gentille, lui mit sa forte patte sur l'échine, et :

— Eh bien, mon vieux Loup, digéras-tu à ta convenance ?

— On ne saurait imaginer mieux, mon Lord.

— Alors, à mon tour.

Le Loup, à ce moment, vit que le Lion ne badinait pas, et il devint blanc comme un singe.

— Quoi ! vous allez me manger ?

— Non, je vais me gêner ! Car j'ai une faim de Loup, si j'ose m'exprimer ainsi.

— Mais alors, pourquoi n'avez-vous pas, ce matin, dévoré le Chacal, puisque lui étaidans son tort ?

— Dans son tort ou non, le Chacal vivant exhale une odeur qui me coupe l'appétit.

— Et moi, pourquoi avoir attendu jusqu'à ce soir, puisque vous me teniez ce matin en votre pouvoir ?

— Ce matin, tu étais trop maigre, mon pauvre ami.

Et, passant à l'action, le Lion mangea le Loup, dans des conditions exceptionnelles de prestesse et de bonne humeur.

MORALITÉ

Soyez chacals ou soyez loups,
Les juges sont plus forts que vous.
Écoutez-moi (la chose est sûre),
Méfiez-vous d'la magistrature !

ÉBÉNOID

Or, un matin, toute rose d'émoi, elle lui murmura :

— Ça y est ! j'en suis sûre, maintenant. Ça y est !

Et lui, tout au plus réveillé, grommelant, s'étirant :

— Quoi ? qu'est-ce qu'y est ?

Mais elle, plus rose encore, si rose qu'à peine on entendit sa voix :

— Mon ami, le ciel a béni notre union.

L'homme sursauta de ravissement :

— Tu blagues ? douta-t-il encore, trivial.

— Je ne blague jamais avec ce sujet-là.

Ce fut alors une joie par toute la chambre.

Mariés depuis tantôt huit ans, les époux Duzinc n'avaient jamais pu, malgré d'incessants labeurs, obtenir l'ombre d'une progéniture.

A quoi tenait cet état de choses ? On ne sait pas. La faute à l'un ? La faute à l'autre ? La faute aux deux ?

Quien sabe ? comme disait Montaigne au toréador qui le rasait de ses questions indiscrètes.

Du coup, M. Duzinc décida qu'il n'irait pas à son bureau ce jour-là.

Père ! il allait être père !

Au déjeuner, sauta le bouchon du mousseux Léon Laurent.

Et au dîner aussi.

A la santé du petit !

Ou de la petite !

La grossesse de madame Duzinc se pré-

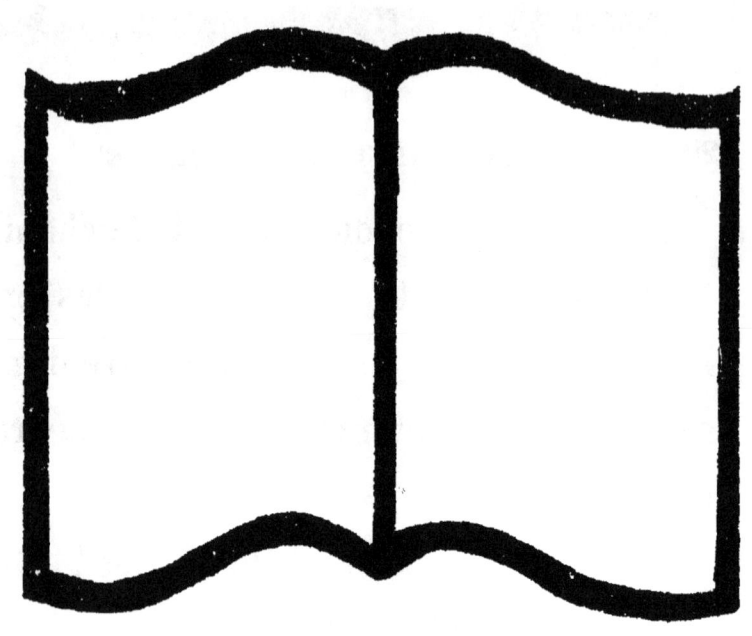

PAGES VIERGES

TEXTE MANQUANT

CUPIDES MÉDICASTRES

Certains journaux sont fort durs, en ce moment, pour le corps médical.

MM. les médecins de Paris, au dire des folliculaires, auraient décidé la création d'un *Livre noir*, où seraient inscrits les noms de tous les malades mauvais payeurs, et se seraient mutuellement engagés à ne plus les soigner avant le règlement des notes préalables.

Et les gazettes de crier à l'inhumanité et d'appeler sur les médecins les foudres vengeresses du tolle général.

La situation très délicate que me crée,

dans le gouvernement, le dernier vote du Sénat, m'interdit de prendre parti pour ou contre, en cette question.

Néanmoins, je dois reconnaître que certains praticiens ne brillent pas par une excessive sensibilité et qu'ils suppriment volontiers les saucisses dans le système d'attache de leurs fidèles toutous.

Il s'en rencontre même dont le mémoire ne concorde jamais avec celle du malade.

Témoin ce médecin qui réclamait le prix de deux visites à une bonne femme, laquelle semblait bien certaine de ne lui en devoir qu'une.

— Mais, docteur, je vous assure que vous n'êtes venu qu'une fois chez moi !

— Parfaitement, répondit le morticole, je suis venu une fois chez vous ; mais quelques jours après, je vous ai donné une consultation dans la rue.

— Vous appelez ça une consultation ! s'indigna la cliente. Eh bien ! vous avez du toupet ! Vous m'avez demandé comment j'allais... je vous ai répondu que j'étais tout à fait bien... Vous m'avez dit de continuer.

— Eh bien ! mais, c'est une consultation, cela.

— Bon ! je vais vous payer vos deux visites, mais dorénavant, quand vous me rencontrerez dans la rue, je vous défends de m'adresser la parole, et même de me saluer. Ça coûte trop cher, votre politesse !

Un autre exemple de rapacité peu commune chez un médecin de campagne :

Ce thérapeute avait coutume de se rendre, chaque jour, à un café de la ville, en lequel il faisait sa petite partie avec des messieurs, toujours les mêmes.

Un de ces derniers, personnage timoré et fort soucieux de son estomac, ne manquait jamais, en commandant son absinthe, de se tourner vers le médecin.

— Une petite absinthe, docteur, ça ne me fera pas de mal?

— Mais non, mais non; une petite absinthe n'a jamais fait de mal à un honnête homme.

Quand la partie se prolongeait et que la petite absinthe était ingurgitée, notre homme s'informait encore :

— Un petit vermout-cassis, docteur, cela n'est pas mauvais, n'est-ce pas?

— Prenez-le plutôt avec du curaçao, votre vermout.

Ou bien, c'était un verre de porto qu'il lui conseillait, ou un quinquina Dubonnet, ou n'importe quoi. Et tous les jours, entre six et sept, reproduction du même dialogue.

Au bout d'un an, quelle ne fut point la stupeur de notre bonhomme de recevoir une note d'honoraires de son partenaire se montant à un millier de francs ! Comme il n'avait eu, avec le docteur, que des rapports de client à client du même café, il crut bonnement à une erreur matérielle.

Et comme il cherchait à s'en expliquer, le docteur lui répondit froidement :

— Mais non, mon cher ami, il n'y a pas la moindre erreur. Chaque fois que vous me demandez si une absinthe ne vous fera pas de mal et que je vous réponds que non, je considère cet avis comme une consultation... Vous m'en devez ainsi trois cents et quelques.

Le pauvre monsieur paya sa note ; mais, à partir de ce moment, il alla prendre son apéritif dans les cafés où l'on rencontre, de préférence, des charcutiers, d'anciens capitaines au long cours ou des chefs de fanfare, mais pas de médecins !

LE LARD VIVANT

> Le porc, cet utile auxiliaire du charcutier...
> BUFFON.

. . . .

Et à cette occasion, laissez-moi vous rappeler une anecdote qu'aimait à conter un vieux mien oncle au temps jadis où, bébé frais et rose, j'encadrais mon front pur d'épaisses boucles brunes.

Deux individus s'avisèrent une fois d'acheter un cochon en commun.

Jusqu'à présent, cela va bien.

Consciencieusement, ils engraissèrent leur

porc, lui apportant mille détritus du ménage, du son, et même des pommes de terre.

Tout le temps que dura cette suralimentation, la meilleure harmonie ne cessa de régner chez les braves co-propriétaires.

Voici où les choses se gâtèrent.

Un beau jour, l'un de ces messieurs estima que le porc se trouvait à point et que l'heure avait tinté d'occire l'animal.

Tel n'était point l'avis de l'autre.

On résolut d'attendre.

Quelques jours passèrent et le premier revint à la rescousse.

— Il est temps de tuer notre cochon.

— Pas encore ! Je m'y connais : la bête n'est pas au mieux de sa forme. Patientons encore.

L'homme pressé se gratta la tête et, du ton de celui qui a pris une grande résolution, prononça :

— Écoute, mon vieux, tu feras ce que tu voudras de ta moitié de porc, mais, moi, je vais tuer la mienne.

Et il fit comme il avait dit.

Inutile d'ajouter qu'en tuant sa part de bête, il causa du même coup le trépas de l'autre fraction.

...Cette histoire m'est revenue en souvenance à la lecture d'une stupéfiante circulaire qu'a bien voulu me communiquer mon ami Émile Gautier, l'habile directeur de la *Science Française*.

Il s'agit du lancement d'une affaire, mirifique au dire du prospectus, d'une entreprise de *Délardage de Cochons Vivants*.

Le début de la circulaire, que voici textuellement, vous éclairera sur la question :

« LA PORCARINE

» *Origine et principe de l'invention*.

» Le plus simple cultivateur sait que le cochon arrivé au moment psychologique (*sic*), c'est-à-dire *gras à point*, se laisse manger par les rats des portions importantes de sa chair.

» Le célèbre inventeur M. L. *Tourillon*, qui nous a cédé ses brevets, et qui reste attaché à notre société, frappé de ce fait, imagina sa fameuse *machine à délarder*.

» Un pantographe élastique et des lames hélicoïdales à cuiller en furent la base, etc., etc. »

... Suit la description en détail de l'opération et la désignation des futures victimes, lesquelles appartiendront aux races *Middlesex*, *New-Leicester* et *Tonkinoise*. (La race *Craonnaise* est, paraît-il, trop en chair pour ce genre d'entreprise. Heureuse race !)

« ...Convenablement exploité, chaque cochon nous *offrira* (!!!) 100 kilos de lard par an, soit deux cents francs au minimum. »

— Et la Société Protectrice des animaux ! vous exclamez-vous.

Le cas est prévu et un charmant petit post-scriptum répond d'avance à la menace :

« Pour calmer les alarmes des cœurs tendres et donner satisfaction à la Société Protectrice des Animaux, les cochons seront anesthésiés avant de subir les opérations. »

Attendons-nous à une forte hausse sur le chloroforme.

LA MALENCONTREUSE
PRONONCIATION

William Bott, que nous appelons fort spirituellement Henry Bott chaque fois qu'il abuse du cock-tail, est un Bostonien fort aimable, et des plus distingués, ainsi que sont, pour la plupart, les gens de Boston.

C'est à son propos que j'écrivis ces vers de rime assez plaisante, n'est-ce pas :

Bott, en dansant la valse et le boston, usa
Le parquet de Mary Webb, à Boston (U. S. A.).

Débarqué en France au printemps dernier, cet Américain, sur la recommandation de notre vieux camarade W.-D. Forrest, le publisher de *Paragraphs*, devint tout de suite mon ami.

Le français qu'il parlait était un français irréprochable déjà ; seuls, quelques mots auraient gagné à être plus correctement prononcés.

Ainsi, il disait *flott*, *pott*, comme si ces mots, à l'instar de son nom, eussent comporté deux *t*.

Sur une simple observation, il rectifia ces petites imperfections, et parla bientôt aussi purement que M. Lebargy.

Je me suis beaucoup attaché à mon ami Bott, esprit original, et tout de primesaut.

Un matin que je l'avais rencontré sur la plage, il me proposa un match à la carabine.

J'acceptai d'autant plus volontiers que je connais les personnes qui tiennent le tir, jeunes et délurées Montmartroises dont la jolie sœur aînée porte un nom fort connu dans l'armorial de la galanterie parisienne.

Bott, excellent tireur pourtant, dut s'incliner devant mon écrasante supériorité : après un grand nombre de cartons, il renonça à la lutte et paya la note ès mains d'une des jeunes filles, cependant que je complimentais l'autre sur la jolie tournure que prenait sa taille.

— Au revoir, mesdemoiselles.

— Au revoir, messieurs... On vous reverra cet après-midi ?

— Peut-être.

Bott avait l'air tout chose.

— Qu'avez-vous, ami Bott ? fis-je.

— J'ai que cette petite Charlotte vient de me tenir des propos auxquels je n'ai rien compris.

— Quels propos ?

— Voici textuellement ce qu'elle m'a dit :

« *Ça ne serait pas à faire que j'en aurais un ! On a déjà bien assez de mal à gagner sa pauvre galette sans la refiler encore à des mectons qui se f... de vous !* »

— Que lui aviez-vous dit qui amenât cette énigmatique réponse ?

— Pour lui payer les 17 fr. 50, frais de notre match, je lui donnai un louis et, comme elle se disposait à me rendre la monnaie, je lui offris gracieusement (car elle me plaît beaucoup, cette petite) : « Gardez le tout, mademoiselle, ce sera pour votre *dot*. »

— Et vous avez prononcé *dot*, sans faire sonner le *t* ?

— Dame, oui, comme vous m'avez indiqué pour *flot, pot*, etc.

— Alors, je m'explique tout ! La petite aura compris que vous lui donniez de l'argent pour son *dos*.

— C'est moi qui ne comprends plus.

— *Dos* est le terme argotique et bien parisien par lequel on désigne les gentlemen qui se font de détestables revenus avec l'inconduite de leurs compagnes.

— Horrible ! Horrible ! Qu'est-ce que cette fillette va penser de moi ?

Et Bott tint à revenir tout de suite au tir, porter ses excuses à la petite Charlotte et lui offrir une jolie bague, pour laquelle la petite citoyenne du dix-huitième arrondissement lui sauta au cou et l'embrassa de grand cœur.

SIMPLE CROQUIS

Le jour des régates.

Il est neuf heures et la première course est pour dix heures et demie.

Le commissaire général de la fête, un jeune avocat doublé d'un parfait gentleman, procède au dernier coup d'œil sur l'installation.

Avec mille recommandations précises et minutieuses, il pose un douanier par-ci, un matelot par-là : « C'est bien entendu, n'est-ce pas, mon ami ? Vous ne laissez pénétrer ici que les cartes roses. » — « Oui, monsieur. »

Il fait signe à un vieux marin qu'on appelle le père Nul-s'y-Frotte : « Venez avec moi, mon brave ! »

Le père Nul-s'y-Frotte s'amène de son vieux pas de roulis.

— Vous vous tiendrez là, mon brave, et vous empêcherez tout le monde, vous entendez bien, tout le monde, sauf ces messieurs de la commission nautique, de passer sur ce quai.

— Entendu, monsieur !

— Vous direz aux gens de faire le tour.

— Entendu.

A ce moment, une famille s'avance avec la prétention de fouler le quai prohibé.

— Impossible ! s'écrie le commissaire général des régates. Ce quai est spécialement réservé à ces messieurs de la commission nautique.

— Mais... puisqu'il n'y a encore personne.

— Mille regrets, mais nous sommes tenus d'avoir une discipline très stricte. *Dura lex, sed lex !*

Dura lex, sed lex ! Devant cette rigide latinité, les bonnes gens ahuris n'insistent pas et font le tour.

— Vous avez vu, mon brave, comment on s'y prend ?

— Compris ! Vous pouvez compter sur moi !

Resté seul, le père Nul-s'y-Frotte s'introduit dans la bouche une bonne chique et cherche une belle attitude, comme au temps où, fringant novice, il assistait au bombardement d'Alger à bord de la frégate l'*Astucieuse*.

Arrivent deux messieurs pressés.

— On ne passe pas, messieurs !

— Seulement pour traverser.

— La consigne est la consigne.

— Allons donc !

— C'est comme ça ! Faites le tour !

Un des messieurs exhibe de sa poche une jolie pièce de vingt sous qu'il fait miroiter aux yeux du vieil homme de mer.

Ce dernier suppute brièvement que, dame ! vingt sous c'est un paquet de tabac et plusieurs petits verres ; il constate l'absence de tout témoin et, en moins de temps qu'il n'en faut pour l'écrire, empoche le franc tentateur.

— Passez vite, messieurs.

— Merci, mon vieux dur-à-cuire !

Le père Nul-s'y-Frotte lève les bras dans un geste mou d'auto-excuse et murmure en imitation de la parole du commissaire :

— *Dur-à-cuire... sed cuire !*

POÈTE DÉPARTEMENTAL

— Alors, entendu pour midi, jeudi ?
— Entendu !

Cette fin d'entretien se déroulait dimanche dernier aux courses de Trouville, entre mon ami Henri de Fondencomble et celui qui a l'honneur d'écrire ces lignes.

Après mille avatars divers, ou, plus simplement, après mille avatars, car le propre d'un avatar est précisément d'être divers, après mille avatars, dis-je, mon ami Henri de Fondencomble est, à c'te heure, redacteur en chef d'un journal estival, l'*Indépendant* de *Cricquebeuf*, organe des intérêts de Cricquebeuf, Pennedepie et Vasouy.

Comment Fondencomble, que rien ne semblait désigner à la noble profession de publiciste, arriva-t-il d'emblée à d'aussi hautes fonctions dans la presse départementale, je ne m'en souviens plus, bien qu'il me l'ait raconté par le menu. La chose, d'ailleurs, importe peu.

Je n'eus garde de manquer la gracieuse invitation à déjeuner de mon vieux camarade et, jeudi dernier, vers 11 heures et demie, mon fidèle yacht, l'*Écumoire*, faisait son entrée triomphale dans le port de Cricquebeuf.

Les bureaux de l'*Indépendant* sont situés sur le quai Maurice-Bertrand, juste en face le débarcadère des paquebots de Melbourne.

La pipe aux dents, les yeux luisants de bon accueil, mon ami Henri de Fondencomble m'attendait sur le seuil de l'imprimerie du journal.

Une petite bonne, jolie comme un cœur, nous servit du porto, et peu après nous avisa que ces messieurs étaient servis.

Ces messieurs se mirent à table.

— Célestine, dit Henri, si on vient me demander, tu diras que je n'y suis pas.

— Bien, monsieur.

— Comment ! fis-je un peu scandalisé, tu tutoies ta bonne ?

— Je tutoie toutes celles de mes bonnes qui sont jolies et âgées de dix-huit ans à peine.

— Chaque peuple a ses usages.

— Bien sûr... Encore un peu de turbot ?

— Volontiers.

Célestine entra :

— Monsieur, il y a un type en bas qui demande à vous parler.

— Je t'ai dit que je n'y suis pour personne.

— Oui, mais celui-là est un type si rigolo ! Ça doit être un poète.

— Un nourrisson des Muses ! qu'il pénètre !

Une sorte de grand dadais, jaune et long, chevelu, avec, sur la figure, des boutons, fut introduit par Célestine.

— Monsieur de Foudencomble? s'informa-t-il.

— C'est moi, répondis-je, mû par mon vieil et indéracinable esprit de mystification.

— Je viens solliciter l'honneur de collaborer à *Indépendant de Cricquebeuf*.

— Vous êtes journaliste ?

— Oh non, monsieur ! se redressa-t-il. Poète !

— Et vous désirez que j'insère quelques-unes de vos poésies dans la partie littéraire de mon organe ?

— Précisément, monsieur. Nous débuterons, si vous le voulez bien, par un poème dont je suis assez content.

— Quel, ce poème ?

— Ce sont des vers que j'ai écrits sur le vieux toit en chaume de la maison où je suis né.

— Une drôle d'idée, vraiment ! Et pas banale pour un sou !

— N'est-ce pas, monsieur ?

— Où êtes-vous né ?

— Pas très loin d'ici, dans un petit pays qui s'appelle Lieu-Godet.

— Parfaitement... Eh bien, un de ces jours, je pousserai en bicyclette jusqu'à Lieu-Godet et je prendrai connaissance de votre poème... Vous avez une échelle, chez vous ?

— Une échelle ? Pourquoi faire, une échelle ?

— Dame, pour grimper sur le vieux toit en chaume de la maison où vous êtes né, et sur lequel vous avez eu la fichue idée d'écrire ces vers.

— Mais, monsieur...

— Car, enfin, c'est une fichue idée ! Vous ne pouvez donc pas faire comme tout le monde et écrire vos vers sur du papier ?

L'INHOSPITALITÉ PUNIE

A la fin, l'orage éclata.

Un coup de tonnerre déchira le ciel, effroyable.

Ce fut comme si tout un conclave d'artilleurs en délire s'amusait à déchirer, frénétique, une énorme pièce d'extra-solide toile de Flandre.

Se mirent à pleuvoir des œufs de pigeon aussi gros que des grêlons, ou, pour parler plus exactement, des grêlons aussi gros que des œufs de pigeon.

Ce fut par toute la nature, chez les gens

et chez les bêtes, un général affolement.

En moins de temps qu'il ne faut pour le dire, les êtres animés qui composaient le village avaient trouvé leur abri.

Seuls, deux pauvres gens continuaient à marcher dans la plaine.

Un vieil homme et un homme jeune.

Le vieux, un grand à barbe blanche, noble allure, et, en dépit de ses hardes, un peu rococo, très chic, vraiment très chic.

Le jeune, une trentaine d'années, barbe et cheveux assez longs, roux, extrême distinction, avec, sur sa face, une indéfinissable expression d'exquise tendresse. Accoutrement pas très moderne, mais beaucoup de charme.

L'homme jeune tenait à sa main une cage en osier où gémissait, lamentable, une tourterelle.

Voici que la grêle redoubla de rage et

contrainte fut à nos voyageurs de se reposer sous un orme du chemin.

Faible abri aux feuilles en allées, aux branches hachées. Enfin, c'était toujours ça, n'est-ce pas ?

Une carriole vint à passer au galop.

— Pardon, monsieur, fit poliment le plus vieux de nos deux voyageurs, s'adressant à l'homme de la voiture, pourriez-vous nous indiquer, non loin d'ici, la demeure d'une personne de grande piété ?

Sans paraître aucunement interloqué de cette demande insolite :

— Tout près de là, répondit l'homme, dans cette petite maison rouge, habite la plus grande dévote de toute la paroisse.

— Merci, monsieur !... Allons-y chercher un refuge, mon enfant, car je vois s'écorcher ton visage et tes mains.

— Oh ! mon père, j'en ai vu bien d'autres !

répondit le jeune homme avec un sourire d'une mélancolie poignante.

Hâtant le pas, nos deux personnages se dirigèrent, avec leur tourterelle, vers la maison de la dévote.

— Pardon, madame, fit poliment le plus vieux, vous siérait-il d'offrir un refuge à deux pauvres voyageurs surpris par l'orage.

Les traits de la bonne femme se contractèrent, et l'expression du mauvais accueil grimaça sa haineuse physionomie.

— Fichez-moi le camp, fainéants ! Je ne veux pas de vagabonds ici !

La tourterelle se mit à roucouler douloureusement, et les deux pauvres gens semblèrent plus peinés qu'irrités de cette peu écossaise hospitalité.

— Pourtant, insista le jeune, l'Évangile vous dit...

— L'Évangile ne nous dit pas de recevoir tous les galvaudeux qui passent dans le pays... Et puis, en voilà assez ! Fichez-moi le camp ! Oust !

Cette fois, le vieux perdit patience, et, levant le doigt au firmament :

— Ah ! c'est comme ça que vous le prenez ! s'écria-t-il.

Comme par miracle, la grêle cessa de tomber, le ciel redevint d'un bleu subit, une petite buée monta du sol et doucement, légèrement, se concréta en nuage autour des deux voyageurs.

Ces derniers, ouvrant la petite cage d'osier, donnèrent l'envol à la tourterelle, qui, d'ailleurs, n'était autre qu'une colombe.

Tous les trois alors, confortablement installés en leur nuage, s'envolèrent lentement vers le ciel.

La vieille dévote comprit à ce moment la

grossière erreur qu'elle commettait, et, les mains jointes, elle tomba à genoux.

Les gens qu'elle venait de mettre à la porte si désinvoltement, c'était — le subtil lecteur l'a deviné, sans doute — c'était le Père, le Fils et le Saint-Esprit.

Elle voulut les rappeler, mais trop tard, hélas !

La Sainte-Trinité frisait déjà la cime des hauts peupliers et, bientôt, elle disparaissait dans la sérénité du ciel.

Et la vieille dévote n'en mena pas large sur la question de son repos éternel.

UN NOUVEAU PNEU

Si l'illustre monsieur de Crac revenait sur terre, il s'adonnerait certainement, lui, l'homme de tous les sports, à la bicyclette.

Il ne ferait, naturellement, qu'une bouchée de tous les records actuellement établis et nos *meilleurs hommes* ne seraient, auprès de lui, que de bien pâles galettes.

C'est surtout dans le domaine du touring que le sympathique baron se manifesterait exorbitant.

Ah ! les belles aventures et les curieuses rencontres ! Déplorons la disparition de cet homme extraordinaire !

Heureusement pour nous, si M. de Crac est mort, beaucoup de ses petits-neveux sont vivants et bien vivants.

Un grand nombre d'entre eux profitent, en ce moment, du beau temps revenu pour, d'une bécane alerte et jamais lasse, sillonner la France.

Le soir, au dîner, dans les auberges départementales, c'est exquis de les entendre conter leurs prouesses du jour, à la croissante stupeur de ces messieurs des contributions indirectes et de ceux, plus mélancoliques, des postes et des télégraphes. (Les commis des postes et des télégraphes jouissent tous en province d'une forte mélancolie) (1).

Car ce n'est pas un des moindres bien-

---

(1) Pline le jeune a, voici quelques siècles, fait cette remarque : *animal triste post coitum*, ce qui veut dire : le commis des postes est un animal triste.

faits du cycle, que cette animation apportée aux tables d'hôte provinciales par tous les véloïstes de Paris et d'ailleurs.

Certaines sous-préfectures, cotées naguère sépulchres, se rangent aujourd'hui, de ce chef, au nombre des petites folles.

Bénie soit cette solution !

A table, quand un des cyclistes a terminé son histoire, pariez dix que tout de suite :

— Moi, il m'est arrivé plus fort que ça ! s'écrie un autre.

Et l'attention redouble.

— Oui, j'ai vu des patelins bien vélophobes, mais jamais comme Bafouilly. Êtes-vous quelquefois passés à Bafouilly ?

Quelques-uns de ces messieurs étaient parfois passés à Bafouilly, mais aucun n'avait rien remarqué d'extraordinaire en cette bourgade.

— Eh bien, moi, il m'est arrivé quelque

chose d'épatant à Bafouilly! C'était le jour où il faisait si chaud... Ah! oui, il faisait chaud, on peut le dire! Un temps d'orage terrible et puis pas un souffle d'air!... En arrivant près de la mairie de Bafouilly, crac, mon pneu crève!... Je descends et je me mets à le regonfler. Mais voilà-t-y pas que toutes les bonnes gens du pays m'entourent avec des... passez-moi l'expression, mesdames... avec des gueules menaçantes et des poings levés : « Vous ne ferez pas cela ici, nous vous le défendons! hurlaient les forcenés... Moi, épaté, je leur demande ce que cela peut bien leur faire, que je gonfle mon pneu. Alors un vieux me dit : « Tout le monde étouffe dans le pays, parce qu'il n'y a pas d'air. Et il n'y a pas d'air parce que ces cochons de vélocipédistes le prennent pour en gonfler leurs sacrés caoutchoucs! Si vous ne voulez pas être assommé, f...ez le camp! »

— Les brutes, interrompit quelqu'un.

— Et cela se passe au dix-neuvième siècle ! remarqua un autre.

— Alors, que fîtes-vous ? s'informa un troisième.

— Dame ! ma pompe remise en place, je me disposais, tout penaud, à continuer ma route à pied, quand la vue d'une charcuterie m'inspira une idée géniale...

— Une charcuterie?

— Oui, vous allez voir. J'entrai chez le charcutier et je lui achetai deux mètres soixante de boudin cru que j'introduisis dans mon pneu.

— Du boudin ?

— Parfaitement, du boudin ! Et, depuis ce jour-là, je ne roule plus que sur boudin, et je m'en trouve très bien.

Alors l'un de ces messieurs observa, au milieu du silence général :

— Vous n'avez rien inventé cher monsieur. Bien avant votre pneu à boudin, on se servait du ressort également à boudin; et on s'en sert encore dans nombre d'industries.

Le petit-neveu de M. de Crac sembla vexé de cette priorité.

UN POINT DE DROIT

— Cet homme-là ! avait coutume de dire Madame Citronnier dans son langage trivial et parfois excessif, cet homme-là me tromperait sur la tête d'un teigneux !

Patente exagération, car, en dehors de la question de propreté, la tête d'un teigneux se prête mal à l'exécution d'un pourchas d'amour.

Néanmoins, on peut dire sans crainte d'exagération que M. Citronnier trompait sa femme sur une vaste échelle, ce qui n'est déjà pas si commode, croyez-le bien !

Bref, M. Citronnier était un de ces maris si coureurs, si coureurs, que Willy n'hésiterait pas à imprimer d'eux qu'ils ont la manie adultérine (de lièvre).

— Je ne te demande qu'une chose, mon ami, répétait souvent la grosse Madame Citronnier, c'est de ne pas me tromper au domicile conjugal, parce que, sans ça!...

Sans ça!... C'était son *quos ego !*

M. Citronnier se l'était tenu pour dit et, s'il continuait à tromper sa femme sur une vaste échelle, il s'arrangeait de manière à ce que cet accessoire fût situé en dehors du logis matrimonial.

Un jour, pourtant, il faillit être pincé.

... Tous les ans, pendant l'été, M. et Madame Citronnier louent une petite villa, tantôt dans les environs de Paris, tantôt au bord de la mer.

Cette année, ils ont loué pour la saison,

aux environs de Cabourg, un pavillon dont l'architecture rappelle vaguement celle des villes italiennes et que, pour cette raison, le propriétaire a spirituellement baptisé *Asti-Cottage*.

Asti-Cottage est une demeure charmante, avec petit jardin et vue sur la mer.

Malheureusement pour la pauvre Madame Citronnier, cette vue sur la mer se double d'une autre vue sur le jardin d'à côté, et dans le jardin d'à côté vaque sans cesse une jolie petite bonne, fraîche comme une petite pomme d'api et, comme ce fruit, rondelette.

Dès la première aperçue de l'accorte servante, l'inflammable cœur de M. Citronnier s'était mis à flamber, comme si un fumeur imprudent y avait jeté une allumette non éteinte.

M. Citronnier, fort joli homme encore, et

de mimique habile, ne fut pas long à faire agréer sa flamme.

Bientôt, les yeux de la petite bonne se dénuèrent de toute sauvagerie à l'égard de notre galantin.

Et quand la grosse Madame Citronnier demandait à son mari:

— Tu ne sors pas avec moi?

— Non, répondait l'hypocrite époux, je me sens un peu mal à la tête. Sors seule, je te rejoindrai sur la plage, dans une heure.

Contre le mur, alors, dans le coin le plus sombre des jardins, deux échelles se dressaient, l'une d'*Asti-Cottage*, l'autre dans le *Chalet des Gratte-Culs*.

Je dois à la vérité l'hommage de déclarer que les choses n'allaient pas plus loin que de simples baisers et des gestes tendres.

Citronnier n'aurait pas demandé mieux

que la consommation immédiate d'actes plus définitifs, mais Césarine, comme le lièvre et peut-être dans la crainte d'un lapin, préférait attendre.

La suite, vous la devinez.

Un beau jour, Madame Citronnier rentra inopinément et surprit nos deux amoureux en la susdite posture.

Sans mot dire, elle sortit sur la pointe des pieds et amena deux témoins, un juge de paix en retraite, et son jardinier.

— Qu'y a-t-il donc? s'informait le vieux magistrat.

— Vous allez voir.

Tout occupés à leur gracieuse besogne, les coupables n'entendaient point s'avancer les témoins.

Quand ces derniers furent au pied de l'échelle:

— Messieurs, sécria Madame Citronnier

d'une voix forte, je vous prie de constater que mon mari me trompe... et me trompe dans le domicile conjugal !

— Pardon, interrompit le juge de paix, ce mur est-il mitoyen ?

— Il est mitoyen.

— Alors, chère madame, votre mari ne vous trompe pas au domicile conjugal.

— Mais...

— Il n'y a pas de *mais* ! jamais un tribunal ne voudra considérer comme domicile conjugal la crête d'un mur mitoyen !

Madame Citronnier était furieuse :

— Et vous appelez ça de la justice ! s'écriait la pauvre femme.

UNIFICATION

Si un être humain a le droit de se montrer fier d'une mission miraculeusement accomplie, c'est bien l'homme modeste qui a l'honneur de tenir cette plume.

Et combien délicate la charge à lui confiée, combien épinarde !

Il fallait pour la mener à bien un individu d'un savoir profond, d'un esprit fertile en ressources, d'un tact exquis, d'une grande noblesse d'allures.

Ce fut tout de suite à moi qu'on songea en haut lieu.

Je me suis montré digne, répétons-le, de la confiance de ces grosses légumes.

. . . .

Ce préambule établi, passons au cœur du sujet :

Depuis longtemps, c'était comme une ombre au tableau franco-russe, cette pensée que les deux grandes nations, si parfaitement unies en toutes choses, jouissaient, chacune, d'un calendrier différent !

Un fort grand nombre de patriotes français ont souffert vendredi dernier à l'idée qu'ils devaient attendre treize jours encore pour souhaiter la bonne année à leurs frères moscovites.

L'alliance, se disaient-ils, ne pourrait-elle donc point s'étendre jusqu'au calendrier ?

Malheureusement, mille difficultés surgissaient contre ce touchant projet.

— Surtout, cette satanée question d'amour-propre national.

Est-ce les Français qui abandonneraient leur almanach, ou bien si ce serait les Russes ?

Personne ne songeait à cette solution si simple de couper, comme on dit, la poire en deux et de faire, chacun de son côté, les quelques pas nécessaires pour se rencontrer.

Notre année débute, comme chacun sait, le 1er janvier.

Celle des Russes, comme beaucoup l'ignorent, le 13 du même mois.

Soit une différence de douze jours.

Partageons ces douze jours en deux : nous Français, retardons de six ; vous, Russes, avancez d'autant, et voilà le problème résolu !

Ce fut donc votre serviteur que M. Hanotaux choisit pour diriger les pourparlers internationaux.

En France, ce projet ne rencontrait qu'un adversaire, le *Bureau des Longitudes*, un adversaire têtu et de mauvaise foi.

Mais dès que les gens de cette administration apprirent que j'avais sur moi les fonds nécessaires pour monter dans leur propre quartier, à deux pas de chez eux, une concurrence redoutable, le *Bureau des Latitudes*, on les vit aussitôt pâlir et céder.

Le surlendemain, j'arrivais à Pétersbourg... Je pourrais me vanter en contant que j'eus à triompher de mille difficultés ; ce serait mentir impudemment.

Le tsar me reçut avec sa bonne grâce coutumière. Il écouta mes propos et avant que je n'eusse terminé :

— Entendu, cher monsieur, entendu ! La France et la Russie n'avaient déjà plus qu'un seul cœur à elles deux ; désormais, elles n'auront plus qu'un seul almanach.

Je m'inclinai.

Alors, le tsar interpellant un vieux homme chauve et botté qui écrivait quelque chose sur le coin d'une table :

— Général, fit Sa Majesté, descendez au bureau des ukases et préparez un décret fixant dorénavant, pour toutes les Russies, le 1er de l'an au 25 décembre.

Le vieillard chauve et botté salua et disparut.

— Fumez-vous ? conclut Nicolas II me tendant gracieusement un élégant étui en cuir de Russie rempli de cigarettes russes.

. . . .

Un message présidentiel sera affiché demain dans toutes les communes de France, portant la bonne nouvelle à l'enthousiasme des patriotes, et prescrivant de porter le jour de l'an à la date du 7 janvier.

PRATIQUE

En tout métier, en toute profession, en tout art, il faut de la pratique.

Ceux qui viendraient à vous tenir un langage contraire, tenez-les pour sombres niais, tout au moins dangereuses fripouilles.

La sagesse des nations — qui n'est pas une moule — l'a depuis longtemps dit : c'est en forgeant qu'on devient forgeron, et non en consultant des manuels de tissage ou en suivant les cours d'économie politique de notre sympathique camarade Paul Leroy-Beaulieu.

Le gouvernement a si bien compris cette vérité qu'il n'hésite pas — par exemple — à construire de coûteux hôpitaux, où il entretient, à grands frais, un tas de pauvres bougres à qui il a fait préalablement contracter mille affections diverses, depuis la simple ecchymose jusqu'à l'imminente maternité.

Tout cela pour compléter l'éducation théorique de nos futurs morticoles et les entraîner à des pratiques d'où dépendra notre santé, notre existence, à nous autres notables commerçants.

Il fut, à un moment, question de créer à Paris et dans quelques grandes villes de province, à l'instar de ces hôpitaux, des manières de Palais de Justice pour pauvres, où les jeunes avocats et magistrats se seraient exercés sur les litiges des gens de rien, litiges dont la solution importe peu au bon ordre social et dans lesquels les futurs robins se seraient, sans dégâts importants, fait la main.

Le projet fut abandonné pour raison d'économie.

... Mais revenons à la médecine.

Autant les médecins civils trouvent, dans leurs hôpitaux, force éléments d'application, autant les médecins militaires se voient dénués de matières à pratique sérieuse.

Si la jambe cassée est fréquente, la poitrine défoncée par un éclat d'obus à la mélinite se rencontre peu, par le temps qui court.

Les typhoïdes pleuvent, mais le grand coup de sabre sur la physionomie est bien rare.

Et les balles de Lebel, qui vous traversent le corps, qui de vous peut se vanter d'en avoir tant vu?

On a bien la ressource des accidents de polygone et de quelques épisodes de notre expansion coloniale.

Dérisoire.

De ce lamentable état de choses résulte un pénible vernis d'amateur se projetant sur tous ceux de nos médecins militaires qui sont en exercice depuis vingt-sept ans au plus.

Beaucoup de ces praticiens n'ont pas encore vu, de leurs yeux vu, l'ombre d'une plaie par les armes à feu.

Alors, quand le Grand Jour viendra, pourra-t-on compter sur eux?

Sauront-ils panser nos glorieuses, mais mortelles peut-être, blessures?

. . . .

C'est, obéissant à ces légitimes préoccupations, que deux grandes nations européennes — l'heure n'a pas encore sonné de les désigner plus clairement — viennent de conclure un pacte des plus intéressants.

Ces deux nations, ennemies depuis un quart de siècle, s'arrangeront au printemps prochain pour avoir des grandes manœuvres communes.

Un corps d'armée de la première marchera contre un corps d'armée de l'autre.

Les fusils, les canons seront remplis de réels projectiles. Les escadrons chargeront pour de vrai, et on ne mettra pas de bouchons à la pointe des baïonnettes.

Alors, seulement, les médecins militaires de chacun de ces peuples pourront apprendre leur métier et acquérir une profitable expérience.

Inutile d'ajouter qu'on tiendra une comptabilité exacte des tués et blessés et que ce chiffre entrera en décompte sur les victimes de la prochaine guerre.

Voilà, je pense, une des mesures les plus humaines qu'une nation vraiment civilisée ait prises depuis longtemps.

L'ART DE S'AMUSER QUAND MÊME

AU THÉATRE

Charitablement, je tairai le nom du grave fonctionnaire dont, hier soir, je surpris l'inconcevable manège.

Je sais bien, parbleu ! que *chacun prend son plaisir où il le trouve*, mais il y a distractions et distractions : les unes rationnelles, honnêtes, de bon goût, cependant qu'il s'en rencontre d'autres parfaitement contestables et ne faisant point honneur à qui les recherche, surtout quand ce dernier appartient, par sa femme, au monde de la riche bourgeoisie, et, par lui-même, à celui des bureaux officiels.

Mon ami, car en somme c'est mon ami, me rencontrant dans la buvette du théâtre, avait paru fort contrarié.

— Vous ici ? lui avais-je serré la main.

— Mais oui... Vous aussi ?

— Comme vous voyez... Seul ?

— Seul !

Et ce mot *seul* fut prononcé sur le ton d'une serpe qui couperait net la conversation.

Je n'insistai pas, et comme la sonnette avait déjà retenti plusieurs fois, je gagnai mon fauteuil.

Au premier entr'acte, je rencontrai de nouveau mon individu dans un café attenant au théâtre.

Cette fois, il fut plus aimable et vint à moi :

— Et vous, êtes-vous seul ?

— Seul.

— Voulez-vous vous amuser un peu ?

— Volontiers.

— Eh bien ! montez avec moi aux troisièmes galeries, il y a une place à côté de moi.

Un peu intrigué, j'acceptai.

D'avance, mon camarade se tenait les côtes.

Dès que le rideau fut levé, il sortit un mouchoir enveloppé dans un journal, et, de ce mouchoir, il dégagea un morceau de glace emprunté sans doute au café d'en bas.

Puis, se penchant sur la balustrade, les deux mains en dehors, il attendit.

Juste au-dessous de lui, confortablement vautré dans un fauteuil de balcon, se tenait un gros monsieur d'une rare calvitie.

A la double chaleur de la main et de la

salle, le bloc de glace se mit à fondre et, bientôt, — flac ! — une grosse goutte d'eau glacée s'abattit sur le crâne nu du gros homme.

L'effet fut quasi-foudroyant.

Le pauvre monsieur passa instinctivement la main sur sa tête et leva le nez.

Flac ! une autre goutte sur l'œil !

Et puis une autre sur le front ! Et puis une autre sur l'occiput !

Alors, mon farceur jugea bon de suspendre son arrosage pendant quelques instants.

Après un court armistice, reprise des hostilités.

L'infortuné spectateur, de plus en plus arrosé, prit un parti héroïque : il changea de place avec sa femme, une jaune, maigre et longue femme.

— Ah ! c'est comme ça ! Eh bien ! tu vas voir ! grommela mon fumiste.

Et lui aussi changea de place avec moi, se remettant ainsi d'aplomb sur le crâne de sa victime.

Le manège recommença et dura jusqu'à la fin de l'acte.

Quand nous descendîmes, le monsieur chauve menait un gros tapage au contrôle :

— C'est dégoûtant ! Il pleut dans votre sale théâtre ! Si jamais j'y ref... les pieds !

Pendant le troisième acte, nous nous amusâmes également très fort.

(Je dis nous, car, gagné par l'exemple, je pris part à la combinaison.)

Seulement, comme le monsieur chauve avait déserté son fauteuil du balcon, nous en fûmes réduits à égoutter notre glace sur les épaules et les seins d'une vieille dame décolletée jusqu'au nombril.

ABAISSEMENT DU PRIX DU GAZ

Les Parisiens sont bien bêtes de payer leur gaz six sous le mètre cube, quand ils peuvent s'en procurer d'excellent, à Londres, pour moins d'un penny.

Et le transport? m'objecterez-vous.

Le transport, le transport, c'est là où je vous attendais! Quand vous avez dit le *transport*, vous avez tout dit.

— Eh bien! tas de serins, non seulement le transport ne coûterait rien, mais il rapporterait.

Vous ouvrez de grands yeux, lecteurs, et de non moins grandes oreilles.

Je vous le répète : non-seulement le transport ne coûterait rien, mais il RAP-POR-TE-RAIT !

Une telle assertion mérite un brin d'explique.

Les Compagnies de chemins de fer, comme d'ailleurs les Messageries maritimes et autres, font payer le transport des marchandises, selon le poids desdites denrées.

Or, je vous prie, que pèse le gaz d'éclairage ?

Ne se contentant pas de peser rien du tout, il pousse la coquetterie jusqu'à peser moins que rien, en vertu du principe d'Archimède.

(Une courte parenthèse, si vous avez un instant : avez-vous remarqué qu'on parle toujours du principe d'Archimède et non de ses principes, dont il était, d'ailleurs, dénué à ce point, que sortant du bain il se promenait tout nu dans les plus fréquentées artères de Syracuse, pour se sécher, disait-il?)

Il arriverait donc qu'en bonne logique, les Compagnies devraient remettre, au lieu de les percevoir, des sommes pour le transport de cette marchandise à poids négatif.

Les choses se passeraient-elles ainsi dans la pratique? Je ne crois pas.

Les administrations feraient intervenir la question, peu négligeable, j'en conviens, du volume, et en profiteraient pour exiger des argents énormes.

C'est alors que j'offre la ressource de l'aérostat.

Et là, encore, c'est du gratuit trimballage, ou à peu près.

Car rien ne nous empêcherait, mes bons amis, de profiter du ballon pour rapatrier en sa nacelle le linge blanchi à Londres de stupides mais rémunérateurs snobs.

Il suffirait que cinquante ou soixante mille commerçants parisiens missent mon idée à exécution, pour voir la toute-puissante Compagnie du Gaz baisser un peu ses prix.

Oui, mais voilà : en France, on est fort pour crier, mais dès qu'il s'agit d'attacher le grelot, il n'y a plus personne !

Pauvre France !

UN BONHOMME

VRAIMENT PAS ORDINAIRE

Bien qu'il ne m'eût pas été présenté, j'éprouvai le plus vif plaisir à lier conversation avec ce monsieur dont la physionomie m'avait conquis tout de suite.

A mon grand regret, un nouveau traité avec certaine grande maison anglaise m'interdisant toute description sous peine d'un dédit de 20,000 livres sterling — je ne pourrai vous faire le portrait de cet étrange personnage...

Et puis, pour évoquer convenablement un aussi curieux type, c'est la plume de Dickens qu'il faudrait, ni plus ni moins, et dame ! la plume de Dickens !...

— Oui, monsieur, affirmait mon baroque interlocuteur, les gens qui veulent tout faire ne font rien de bien ! Chacun son métier, comme disait l'agriculteur à un membre de l'Institut qui avait égaré ses vaches.

— Évidemment !

— Ainsi, moi qui vous parle, monsieur, mille fois je fus sollicité par les capitalistes du monde entier pour me mettre à la tête de telle ou telle affaire ; toujours je refusai... j'ai préféré me cantonner en un petit truc modeste, il est vrai, mais où j'excelle.

— Serait-ce indiscret de...?

— Mais pas du tout, cher monsieur, voici ma carte.

Et le monsieur me tendit un léger parallélogramme de papyrus sur lequel je lus :

HIP. HIPPOURAH
SPÉCIALITÉ DE FABRICATION
D'OBJETS EN TOUS GENRES

— Oui, monsieur, continua mon bonhomme, je me suis cantonné dans cette étroite spécialité, mais je puis affirmer que je ne m'y connais pas de rivaux.

— C'est une belle branche de l'industrie.

— Nous avons parfois un peu de morte-saison ; mais, en somme, je n'ai pas trop à me plaindre... En ce moment, c'est notre grand coup de feu à cause des étrennes... Me ferez-vous l'honneur de venir visiter ma petite installation ?

— Volontiers, monsieur !

— Mon adresse est sur la carte.

Une dame, à ce moment, passa que je connaissais.

Le temps de la saluer, et lorsque je retournai la tête, Hipp. Hippourah était disparu.

— Étrange ! fis-je à part moi.

Quant à la carte de cet homme, j'eus beau fouiller et refouiller mon portefeuille où j'étais bien sûr, pourtant, de l'avoir insérée, je ne la retrouvai point.

— Fantastique ! m'inquiétai-je un peu.

Je ne sus fermer l'œil de la nuit.

Le lendemain matin, quand je me réveillai, — ou plutôt quand je ne me réveillai point, puisque je n'avais pas dormi — ma première idée fut d'aller voir mon bizarre manufacturier de la veille.

Mais... son adresse ?

Le Bottin, parbleu !

Consulté sans espoir dans un humble café,

le Bottin me révéla : Hipp. Hippourah, *spécialité de fabrication d'objets en tous genres, 34, rue de la Malfaisance.*

— Cocher ! 34, rue de la Malfaisance !

— M. Hip. Hippourah, s'il vous plaît, madame la Concierge ?

— Il ne demeure plus ici, monsieur, depuis l'année dernière !

— Ah bah ! mais je viens de voir cette adresse dans le Bottin.

— Un vieux Bottin, sans doute.

— Vous connaissez sa nouvelle adresse ?

— Je l'ignore comme l'enfant qui vient de naître.

La ressource me restait de consulter un Bottin plus frais.

Juste en face, une splendide boutique, qui s'intitulait magiquement Laurent Bar, semblait m'inviter au délicieux cocktail.

— Un champagne cock-tail, garçon ! Vous avez le Bottin de Paris ?

— Voici, monsieur, le Bottin de Paris, et un champagne cock-tail préparé avec du vrai champagne Léon Laurent. Vous m'en direz des nouvelles !

Un Bottin superbe, tout flambant neuf !
E... F... G... H... Ah, voici les H..., HAMON, HERVÉ, HIMER... Ah ! voilà HIPP. HIPPOURAH, *spécialité de fabrication d'objets en tous genres, 328, rue Guillaume II.*

— Cocher ! 328, rue Guillaume II.

— M. Hipp Hippourah, s'il vous plaît, monsieur le Concierge ?

— Il ne demeure pas encore ici, monsieur. Il n'emménagera qu'au terme de janvier.

— Ah bah ! mais je viens de voir cette adresse dans le Bottin.

— Un Bottin de l'année prochaine, sans doute.

— Vous connaissez son adresse actuelle ?
— Je suis, à cet égard, dénué de tuyau.

Je rentrai chez moi, vivement déconcerté.

LA NOUVELLE DIRECTION

DE L'ODÉON

Le nouveau directeur n'est autre que notre excellent ami et distingué collaborateur M. Tristan Bernard.

Cette nomination s'est accomplie dans des circonstances assez pittoresques et qui me semblent mériter l'honneur d'une courte relation.

Nous nous trouvions, hier, M. Tristan Bernard et moi, dans un cabinet particulier, en compagnie de deux sociétaires de la Comédie-Française dont le nom n'ajouterait aucune saveur à ce récit.

La conversation affectait un tour folâtre à la fois et sagace, selon que la parole était à l'un ou à l'autre de nous quatre.

On vint à causer de l'Odéon :

— Moi, dit Bernard, si j'étais directeur de l'Odéon, voici ce que je ferais...

Et il nous développa le plus ingénieux des programmes.

La grande concurrence à l'Odéon, c'est le café-concert et la brasserie.

Plutôt que d'être parqués tout un soir en un strict fauteuil, les jeunes gens préfèrent fumer et boire bien à leur aise, même au risque d'entendre de déplorables littératures mises en musique par d'anciens concierges.

M. Bernard proposait alors de lutter contre les brasseries et cafés à musique avec leurs propres armes, c'est-à-dire de transformer l'Odéon — ses dimensions le lui permettent — en un vaste hall où les spectateurs circuleraient aisément, pourraient fumer et boire.

La modification de l'Odéon ne porterait pas seulement sur ces détails matériels.

Le répertoire classique subirait quelques transformations, surtout des coupures, énormément de coupures.

Les morceaux supprimés seraient remplacés par une musique gaie, dansante et vivace.

Ne négligeons pas de rajeunir l'interprétation : Jeanne Bloch proférerait à merveille les Imprécations de Camille et Sulbac ne serait-il pas le Polyeucte idéal ?

M. Tristan Bernard en était au développement de son programme, quand un garçon du restaurant pénétra dans notre cabinet.

— Messieurs, fit-il, pardon de vous déranger, mais il y a dans la petite salle à côté un monsieur qui voudrait vous causer.

— ... Qui désirerait causer avec nous, rectifia l'une de nos compagnes.

— Qu'il entre ! fit Bernard redressant sa haute taille dans sa correcte redingote et passant sa main sur son visage glabre.

Le noble étranger, vous l'avez deviné, c'était Henry Roujon.

Il s'excusa très aimablement de son indiscrétion, mais les cloisons de ce restaurant se composant exclusivement de pelures d'ognon, il n'avait pu faire autrement que d'entendre notre conversation.

— Votre programme, ajouta-t-il, mon cher monsieur Bernard, me botte comme un gant (sic). Voulez-vous prendre la direction de l'Odéon ?

— A une condition, exigea Bernard, que

vous prendrez vous-même un verre de chartreuse.

— Volontiers.

Un quart d'heure après la tenue de ces propos, nous étions tous à la direction des Beaux-Arts.

M. Adrien Bernheim, fort obligeamment, alla lui-même quérir du papier timbré au bureau de tabac du coin de la rue, et les signatures s'échangèrent avec une simplicité quasi biblique.

Ajoutons que le début de la direction Bernard sera pour une reprise d'*Horace* de notre vieux Corneille.

La pièce, retapée au goût du moment, sera jouée avec le concours de la troupe Price, sous ce titre :

THE O' RACE BROTHERS

L'ANNÉE DIPLOMATIQUE

A A. Saissy.

A la fin de chaque année — c'est une coutume qui m'a toujours réussi — je jette les yeux en arrière et m'arrête à la contemplation des événements diplomatiques accomplis au cours de ces douze mois écoulés.

Hélas! aujourd'hui, le spectacle n'est pas des plus réjouissants : partout, on n'entend parler que de malheurs!

Pour ne causer que de notre continent, croyez-vous que l'état de l'Europe soit bien agréable?

De quelque côté que vous jetiez les regards, mille points noirs surgissent à l'horizon européen.

Si vous connaissez un peuple qui soit content de son sort, vous seriez bien aimable de me l'indiquer ; moi, je n'en connais pas.

Et dire que tout ce malaise provient uniquement de malentendus !

Il y a quelques années, le capitaine Cap, alors mon ami, proposa, pour en finir avec cette double et véritable question des Balkans et des Dardanelles, proposa, dis-je, de f... les Balkans dans les Dardanelles.

C'était l'avis d'un sage.

Inutile d'ajouter que les diplomates ne daignèrent même point examiner cette solution, pourtant si ingénieuse.

En général, les diplomates sont ennemis de la paix, parce que leurs parents sont officiers et conséquemment intéressés à la guerre, la guerre fertile en désastres mais riche en avancements.

... Beaucoup de Français se réjouirent de la venue du tsar dans notre pays et en conçurent pour la France les plus flatteuses espérances.

Certains esprits grincheux objectèrent : Avant de rendre l'Alsace et la Lorraine aux Français, l'empereur de Russie ferait bien de rendre la Pologne aux Polonais.

Et ils ajoutèrent : Pourquoi Nicolas II, qui n'hésita pas, au cours de son voyage en Allemagne, à revêtir l'uniforme prussien, n'agit-il point de même chez nous ?

Pour ce qui est de cette dernière observation, un document que j'ai sous les yeux me permet de la réfuter pleinement et définitivement.

Quand le voyage de Nicolas II en France fut décidé, le tsar se commanda immédiatement un uniforme de chef de bataillon de mobiles de la Seine-Inférieure, absolument semblable à celui que portait Félix Faure en 1870-71.

C'est dans cette tenue que le tsar comptait débarquer à Cherbourg.

Pour des raisons que nous n'avons pas à apprécier ici, le protocole crut devoir s'opposer à cette sympathique manifestation.

N'insistons pas.

. . . .

Un autre et important facteur de discorde, c'est l'amour-propre des souverains d'Europe.

On n'a pas idée de l'*ostination* de ces bougres-là !

Il est bien certain que Guillaume II ne tient à l'Alsace-Lorraine pas plus que son moscovite cousin à la Pologne ; mais un sentiment bête de fierté les retient et leur prohibe à tous deux la moindre conciliance.

M. Hanotaux, avec qui je sablais cette

nuit le joyeux Léon Laurent, me confia un rêve qu'il caresse depuis longtemps et dont la réussite pourrait bien être le premier pas vers le désarmement.

Voici le projet dans sa simplicité :

L'empereur d'Allemagne remettrait l'Alsace-Lorraine aux Polonais, pendant que le tsar de toutes les Russies offrirait la Pologne aux Alsaciens-Lorrains.

Ce serait ensuite à ces messieurs de s'arranger.

Quant à la question de Gibraltar, laquelle ne manque pas de taquiner fort nos amis les fiers Espagnols, on la résoudrait ainsi :

La reine d'Angleterre épouserait le jeune roi d'Espagne, et comme cadeau de noces, rendrait aux Espagnols ce rocher de Gibraltar auquel ils ont la faiblesse de tenir, bien qu'il soit d'un rendement agricole pour ainsi dire dérisoire.

POUR UN FAUX-COL

Ayant glissé son décime dans la fente, mon ami conçut une effroyable colère en constatant que rien ne bougeait à l'appareil et que la tablette de chocolat annoncée ne se présentait pas.

— Tas de voleurs ! écuma-t-il.

Et il ajouta :

— Je viendrai cette nuit avec une cartouche de dynamite et je ferai sauter leur damnée machine.

— Voilà, fis-je, une bien excessive vengeance pour une malheureuse pièce de deux sous.

— Ça n'est pas pour les deux sous ! Les

deux sous, je m'en fiche! Mais je ne veux pas qu'on se f... de ma fiole.

Je connais, en effet, peu de gens aussi susceptibles que cet ami.

Toujours prêt à s'imaginer que l'humanité entière s'est liguée pour le dépouiller, il ne décolère pas et rumine sans relâche les plus éclatantes et cruelles revanches.

S'étant aperçu un jour que son épicier lui avait vendu une livre de sucre de 485 grammes, il revint le lendemain et projeta dans les olives et les pruneaux de l'indélicat boutiquier une pleine poignée de strychnine.

— Ce n'est pas pour les 15 grammes de sucre, s'excusait-il gentiment. Les 15 grammes de sucre, je m'en fiche! Mais je ne veux pas qu'on se f... de ma fiole!

En une autre circonstance, les choses allèrent plus loin encore.

Dans un hôtel de Marseille, où il descendait d'habitude, il constata, en faisant sa malle pour le départ, qu'il lui manquait un faux-col.

Nul doute ! Un garçon de l'hôtel avait, en son absence, ouvert la malle et dérobé l'objet.

Mon ami ne fit ni une, ni deux. Au lieu de revenir à Paris, où l'appelaient ses affaires, il s'embarqua sur un bateau en partance pour Trieste.

Trieste — qui l'ignore ? — est, avec Hambourg, le grand marché européen de bêtes féroces.

L'homme eut la chance de tomber, tout de suite, sur une véritable occasion : un sale jaguar adulte, dont le mauvais caractère aurait lassé la patience d'un saint et qu'on lui abandonna pour un prix dérisoire.

Ce jaguar fut introduit dans une forte

malle, une de ces fortes malles où la tôle d'acier joue un rôle plus considérable que l'osier ou la toile cirée.

Un rapide steam-boat ramena vers Marseille le monsieur grincheux et son farouche compagnon.

. . . .

Le jaguar qui, à l'état libre, n'est déjà pas d'une mansuétude désordonnée, perd encore de sa sociabilité par le séjour d'une semaine dans une malle, même quand son maître a pris la précaution d'enfermer avec lui une dizaine de kilogrammes de viande de cheval premier choix.

Notre jaguar ne se comporta pas autrement que la plupart de ses congénères.

Précisément, le garçon de l'hôtel eut la fâcheuse pensée de s'approprier un mouchoir de poche appartenant à notre ami.

Le couvercle de la malle se releva plus

brusquement que ne s'y attendait l'indélicat serviteur.

Le pauvre jaguar, heureux enfin de pouvoir détendre ses muscles engourdis, manifesta sa joie par un petit carnage, qui s'étendit au garçon coupable, à deux bonnes, à trois voyageurs, au patron, à la patronne de l'hôtel et à quelques autres seigneurs sans importance.

Quand un jaguar s'amuse, rien ne saurait l'arrêter.

— Eh bien, monsieur, concluait mon ami, je suis souvent revenu dans cet hôtel et n'eus plus jamais à déplorer l'absence du moindre bouton de manchettes... Qu'est-ce que vous voulez, moi, je ne veux pas qu'on se f... de ma fiole!

UNE VOCATION

A quoi tient la destinée, souvent !

« A un rien, un souffle, un rien, une blanche main... » (*Air connu.*)

Tout le reste naissance, éducation, fortune et autres balançoires, tout cela n'est qu'un pâle facteur dans l'évolution existentielle.

La vocation, entre autres, y croyez-vous, à la vocation ? Moi pas.

La vérité, c'est qu'on ne sait jamais...

L'histoire du grain de sable...

Pensez-vous, par exemple, que si une vieille gypsie avait prédit, il y a trente ans, au petit Cohen, qu'il s'appellerait un jour Isidore de Lara, et qu'on lui jouerait une nommée *Moïna* dans des conditions aussi flatteuses, pensez-vous, dis-je, que le petit Cohen aurait donné une malheureuse pièce de *six pence* à la vieille radoteuse, en récompense de sa « bonne aventure ? »

Le petit Cohen se serait contenté de hausser les épaules.

Voilà ce qu'il aurait haussé, le petit Cohen ! Les épaules, et rien de plus.

. . . .

... Si, au lieu des rares centimètres carrés de cette publication, j'avais à ma disposition les copieuses colonnes de quelque massif *in-quarto*, je n'en terminerais pas à conter onze mille et des anecdotes à l'appui de ces dires.

Ecoutons donc, et sachons nous contenter d'un exemple, mais bien typique :

Il n'y a pas si longtemps, quatre jeunes gens appartenant aux meilleures familles de Sedan (désignons-les par de discrètes initiales : MM. Depaquit, Delaw, Darbour et Prairial), conçurent le projet de gagner des sommes énormes en employant des procédés répréhensibles, mais rapides.

Ils se mirent en relation avec un des plus habiles de ces faux-monayeurs dont pullule le pays d'Ardennes et lui commandèrent une fortune d'environ 100,000 francs en pièces de cent sous que l'autre leur livra pour 1,500 francs (la moitié comptant, le reste en billets).

Munis de cet honnête pécule, nos quatre adolescents eurent bientôt fait de débarquer sur la côte du Gabon, puis de s'enfoncer dans la *Darkest Africa* en question.

Faute de poneys islandais, peu répandus dans ces ré ons, les jeunes aventuriers durent se contenter d'une caravane de buffles, animaux indociles mais vigoureux.

Il s'écoula peu de jours (à peu près autant de nuits), et voilà nos gaillards revenus vers le littoral, lotis de je ne sais plus combien de défenses d'éléphant, lesquelles pesaient, chacune, je n'ose plus me rappeler combien de kilogrammes.

Et tous les quatre de se frotter les mains, leurs mains brunies par le rude soleil de ces parages.

Pour avoir roulé des indigènes, ils pouvaient se vanter d'avoir roulé des indigènes.

Leurs pièces de cent sous en plomb avaient passé comme des lettres à la poste.

Et devant le soleil couchant, nos drilles fumaient, ravis, la pipe odorante de la légitime satisfaction.

A cette heure précise, un steamer anglais passa non loin de là, qui, justement, cinglait sur Liverpool, le grand marché, comme chacun sait, de l'ivoire.

— Ohé! du steamer! agitèrent-ils leurs mouchoirs.

Le steamer accosta.

Les conditions du transport furent vite faites : le capitaine anglais, d'ailleurs, n'acceptait aucun marchandage.

Et puis, quand on est titulaire d'une aussi féerique cargaison d'ivoire, combien mesquin d'ergoter pour quelques *pounds !*

Ah! que ne dura-t-il plus longtemps, que ne dura-t-il toujours ce voyage, trajet d'enchantement, d'espoir et d'ivresse!

A peine débarqués à Liverpool, les pauvres garçons recevaient le plus rude coup qui puisse frapper un négociant en denrées coloniales.

Leur ivoire était du celluloïd !

(Que cette aventure serve d'exemple aux

trafiquants superficiels, car la *Société pour la conservation de l'éléphant d'Afrique* inonde le pays de défenses en celluloïd parfaitement imitées.)

C'est alors que MM. Depaquit, Delaw, Darbour et Prairial, — c'est là que je voulais en venir, — complètement dégoûtés du commerce, se jetèrent, éperdus, dans les bras consolateurs du grand Art.

Ajoutons qu'ils eurent grand soin d'ajouter à leur crayon un joli brin de plume, et réciproquement.

UN PATRIOTE

Dans un restaurant de Menton et à une table voisine de celle que j'occupais, vint s'asseoir un vieux, grand, sec et décoré monsieur.

Le premier coup d'œil me suffit pour reconnaître dans ce nouveau venu un chef de bataillon en retraite.

Pourquoi un chef de bataillon plutôt qu'un capitaine ou qu'un colonel ?

C'est un don, comme cela, que je possède, de deviner, à la simple inspection d'un bonhomme, le grade qu'il détenait dans l'armée française.

Tout petit, tout petit, j'étais déjà doué de cette étrange propriété. Le plus malin ne m'aurait pas fait prendre un ancien gros major pour un ex-lieutenant-colonel.

Même, un barnum proposa à ma famille de m'exhiber comme curiosité dans les foires : mes dignes parents ne consentirent point à ce honteux trafic.

Jetons un voile sur tout cet enfui et revenons à notre vieux commandant.

Assujettissant de la main gauche son binocle sur son nez, de la droite il compulsait la carte avec autant de soin que si elle eût été d'état-major.

Il commanda des mets dont le détail importe peu à l'intérêt général de ce récit, et dévora le tout de cet appétit que procure la conscience tranquille doublée d'un bon estomac, une promenade au grand air brochant sur le tout.

— Comme dessert? s'informa le garçon; fromage ? fruits?

— Vous avez du roquefort présentable ?

— Je vais le montrer à monsieur.

— C'est cela.

Le roquefort plut au commandant.

— A la bonne heure ! Voilà ce que j'appelle du bon roquefort.

Et il s'en tailla, si j'ose m'exprimer ainsi, une large rasade.

— Garçon ! Dites-moi, je vous prie, dans quel département se trouve Roquefort?

— Ma foi, monsieur, je vous avouerai...

— Vous ne savez pas dans quel département se trouve Roquefort ?

— Non, monsieur.

— Alors, c'est là toute la leçon que vous avez retirée de nos désastres de 1870-1871 !... Car c'est le maître d'école allemand qui nous a battus et pas les généraux ?... Nous avons été écrasés parce que nous ne savions pas la géographie ! Entendez-vous, malheureux ?

— J'entends bien, monsieur.

— Vingt-sept ans après ces catastrophes, il se trouve encore des Français qui ne savent pas dans quel département se trouve Roquefort !... Et cela, à deux pas de la frontière, dans un pays d'où, sans jumelles, on peut apercevoir les plumes de coq des bersagliers de la triplice !... Ah ! pauvre France ! Pauvre France !

Le garçon n'en menait pas large.

— Donnez-moi mon addition ! grommela le vieux patriote en finissant le roquefort.

La facture se montait à cinq francs trente-cinq.

Le commandant déposa sur la table la stricte somme de cinq francs trente-cinq.

La main sur le bouton de la porte, il se retourna et foudroya le garçon :

— Quand vous saurez la géographie, je vous donnerai un pourboire, mon ami !... Pas avant !

. . . .

Le lendemain, je rencontrai mon vieil officier dans un café de Nice, en train de mettre de l'eau-de-vie dans son café.

Il demanda au garçon dans quel département se trouvait Cognac.

Le garçon, un bachelier tombé dans la purée, lui répondit :

— Charente, parbleu !

Le commandant n'insista point. Il but son mazagran, le paya sans ajouter un sou de pourboire et s'en alla.

J'en conclus que toute cette géographie patriotique n'était qu'une frime destinée à masquer une sordide avarice.

NÉFASTE — PARFOIS — INFLUENCE
DE JEAN RICHEPIN
SUR LA LYRE MODERNE

Pour Tiarko.

De tous les beaux vers de Richepin qu'on avait dits, ce soir-là, deux particulièrement demeurèrent dans l'esprit du jeune homme.

C'étaient ces deux-ci, qui se trouvent, sauf erreur, dans la *Chanson Aryenne* :

>   Nous nous étalons
>   Sur des étalons.

Cette rime : *étalons* et *étalons* le tour-

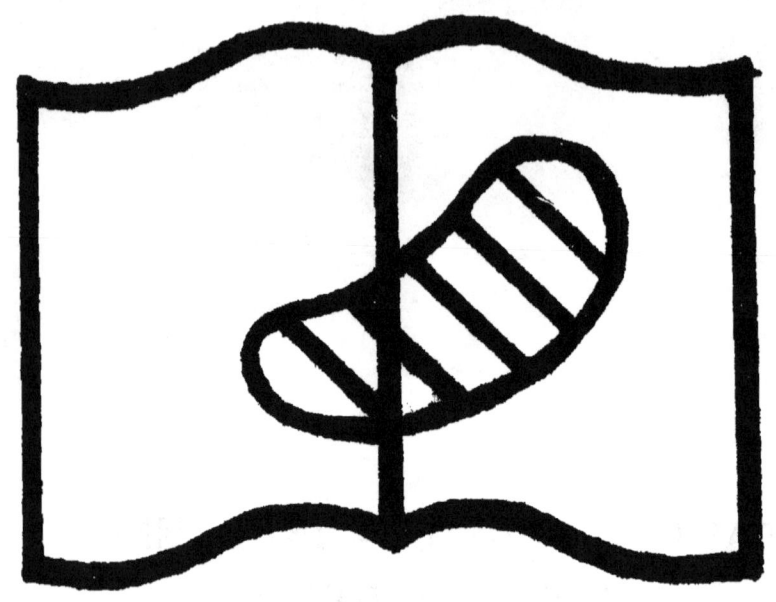

Illisibilité partielle

menta toute la nuit, et, le lendemain matin, sans avoir rien cherché, par simple et inconscient génie, le jeune homme, en se réveillant, murmura, complétant l'idée du maître :

> Nous nous étalons
> Sur des étalons,
> Et nous percherons
> Sur des percherons.

Et alors, la torture de la hantise commença pour lui : le pauvre garçon était poète ! Et quel poète !

Hier, il est venu me lire son morceau, en espoir que j'en parle à Madame Adam, sur l'esthétique de laquelle, exagéra-t-il, je fais la pluie et le beau temps.

Avant que ce poème ne paraisse *in-extenso* dans la *Nouvelle Revue*, j'ai la bonne fortune d'en pouvoir donner quelques extraits ici-même.

Je n'ai pas la prétention que ce genre

plaise à tout le monde; il sera même très âprement discuté dans les milieux littéraires; mais nul ne songera à en discuter la curieuse et fertile tendance :

>Nous nous étalons
>Sur des étalons,
>Et nous percherons
>Sur des percherons !
>C'est nous qui bâtons,
>A coups de bâtons,
>L'âne des Gottons
>Que nous dégottons !...
>Mais nous l'estimons (1)
>Mieux dans les timons.

Un joli couplet sur l'amour brutal :

>Nous nous marions
>A... Marions

(1) L'âne, bien entendu.

Rappel à de plus délicates et subtiles caresses.

> Oh ! plutôt nichons
> Chez nous des nichons !
> Vite polissons,
> Les doux polissons !
> Pompons les pompons
> Et les repompons !

En passant un chœur vigoureux d'intrépides pêcheurs :

> C'est nous qui poissons
> Des tas de poissons,
> Et qui les salons
> Loin des vains salons !

Fatigués de l'amour brutal, des subtiles caresses, de la pêche et des salaisons, si nous faisions un bon repas ?

Oyez-moi ce menu :

> Tout d'abord pigeons,
> Sept ou huit pigeons !
> Du vieux Pô (1) tirons
> Quelques potirons !

(1) La chose se passe en Italie.

Aux doux veaux rognons
Leurs tendres rognons,
Qu'alors nous oignons
Du jus des oignons!
Puis, enfin, bondons-
Nous de gras bondons!
Les vins?... Avalons
D'exquis Avallons!
Après quoi, ponchons
D'odorants ponchons (1).

Mais tout ce programme exige beaucoup d'argent. Vite en route pour le Kloudike :

Ah ! thésaurisons!
Vers tes horizons
Alaska, filons !
A nous tes filons !

Une rude vie que celle des chercheurs d'or :

Pour manger, visons
Au front des Visons,

(1) M. Raoul Ponchon, notre éminent confrère et brave ami, ayant donné son nom à une des meilleures marques de cigares de la Havane, le verbe *poncher* est devenu synonyme de *fumer avec délices.*

> Pour boire, lichons
> L'âpre eau des lichons (1).

Malheureusement, je ne puis tout citer (le poème ne comporte pas moins de 1,342 vers).

Quelques passages sont d'un symbolisme dont, malgré ma très vive intelligence, m'échappe la signification.

Celui-ci entre autres :

> Ce que nous savons
> C'est grâce aux savons
> Que nous décochons
> Au gras des cochons !

Le sens des deux derniers vers est plus tangible :

> Oh ! mon chat, virons,
> Car nous chavirons !

Le fait est qu'il y a un peu de ça !

---

(1) On appelle *lichon*, au Canada, le filet d'eau qui coule des glaciers.

LE KANGOUCYCLE

Les nombreuses personnes qui, profitant des derniers beaux jours, se promenaient hier au Bois, ressentirent soudain une peu mince stupeur.

Toute une famille venait de leur apparaître: le père, la mère, deux grandes jeunes filles et un petit garçon, tous éperdument pédalant sur d'élégants tandems peints en vert-nil.

Il y avait cinq tandems pour ces cinq personnes et le deuxième personnage de chaque tandem n'était autre qu'un kangourou.

N'écarquillez pas vos yeux, braves gens, vous avez bien lu : le deuxième personnage de chacun de ces tandems, bel et bien c'était un kangourou.

Et tout ce monde, bêtes, gens, machines, passa comme un rêve.

Je me trouvais moi-même en ces parages, donnant un peu d'air à la triplette que je viens d'acheter avec Brunetière et Sarcey.

Non sans peine, nous suivîmes l'étrange vélochée (1) jusqu'à Suresnes.

Là, devant un modeste caboulot, la famille entière descendit.

Seuls, les kangourous demeurèrent en selle, calant la machine de leur puissante queue sur le sol appuyée.

Et rien n'était plus comique que le spectacle de ces animaux, graves et bien stylés, attendant sans broncher leurs maîtres, comme font les larbins anglais derrière les carrosses des vieux lords.

(1) On dit bien *chevauchée*.

Bientôt, nous avions fait la connaissance de toute la famille.

Avec sa coutumière bonhomie, Sarcey nous présenta, Brunetière et moi, sous le jour le plus flatteur qu'il put trouver.

A son tour, la plus jeune des jeunes filles se présenta elle-même, puis nous présenta sa famille : son papa, sa maman, sa sœur et son petit frère.

Des Australiens.

Ces messieurs et dames rirent beaucoup de notre effarement et nous enseignèrent que, dans leur pays, le *kangoucycle* est aussi courant que, chez nous, la simple bicyclette.

Le kangourou, animal intelligent, docile et vigoureux, rend actuellement, aux Australiens, tous les services que les Esquimaux exigent du renne. Et même mieux, car, en matière d'industrie, l'Esquimau ne va pas à la cheville de l'Australien.

8.

Le kangourou — et les personnes qui se rappellent les kangourous boxeurs du Nouveau-Cirque et des Folies-Bergère ne me contrediront pas — le kangourou est doué d'un avant-train à la fois souple et robuste (sans préjudice, d'ailleurs, pour la peu commune énergie de ses membres postérieurs).

Sans s'arrêter aux vagues sentimentaleuries qui ridiculisent notre vieille Europe, les Australiens ont depuis longtemps utilisé les vertus du kangourou.

L'une des dernières applications, c'est précisément ce *kangoucycle* dont je parlais tout à l'heure.

Confortablement installé sur une petite plate-forme en arrière de la deuxième roue, le kangourou actionne de ses pattes de devant une manivelle qui suffirait, au besoin, à la marche du tandem.

Je n'insiste pas sur l'inappréciable auxiliaire que représente mécaniquement (je pourrais dire *bécaniquement*) ce vigoureux animal, mais je tiens surtout à faire remarquer l'avantage de la parfaite stabilité, en route et au repos, que procure l'emploi de la longue et solide queue du kangourou.

Plus de pelles, plus de dérapages, plus besoin de descendre à chaque arrêt.

Le kangourou présente, en outre, le mérite de veiller sur la machine en votre absence, ainsi que ferait le chien le plus fidèle.

Une grande maison de banque anglaise va prochainement lancer sur la place une grosse émission en vue de généraliser sur le Continent l'emploi du *kangoucyclisme*.

Nous reviendrons sur cette affaire qui nous paraît, d'ores et déjà, de tout premier ordre.

FARCE LÉGITIME

Partagez-vous mon opinion ? M'est avis qu'on ne doit faire aux bons serviteurs nulle injure, même légère.

Contre un peu d'or, ces gens nous consacrent tout leur temps ; nous sommes quittes, sans avoir à jeter dans la balance l'appoint des méprisants vocables et des gestes hautains.

D'ailleurs, tenez pour certain que les domestiques nous conservent toujours un chien de leur chienne, et qu'ils savent à miracle, quand il y a lieu, nous retrouver au tournant.

Écoutez plutôt l'excellente plaisanterie

qu'une cuisinière des mes amies (j'entends ainsi que cette cuisinière est une de mes amies et non point qu'elle est la cuisinière d'une de mes amies), qu'une cuisinière de mes amies, dis-je, servit un jour à des patrons injurieux et stupides.

Cette cuisinière, qui s'appelait Clémence, était une brave cuisinière, sachant son métier sur le bout du doigt et, malgré sa nature fougueuse et tendre, parfaitement correcte en son service.

Ses patrons se composaient de commerçants bassement nés, louchement enrichis et d'autant plus insolents.

La femelle, surtout, à gifler.

— Clémence ! ne cessait-elle de piailler, Clémence, votre veau marengo est complètement raté.

Muette, Clémence se contentait de hausser les épaules.

— Clémence ! insistait la chipie, votre mouton empoisonne le suif.

Même jeu de la part de Clémence.

Un jour, ce fut à la salade que l'exécrable vieille s'en prit.

— Qu'est-ce que c'est que cette salade ? C'est avec de l'huile à quinquet que vous l'avez accommodée ?

Et à partir de ce moment, Madame n'arrêta pas de hurler après la salade de la pauvre Clémence.

Elle acheta son vinaigre elle-même et son huile pareillement, le vinaigre dans la véritable maison Orléans, et l'huile chez Olive en personne.

La salade n'obtint pas plus de succès.

La faute en fut alors aux proportions : il y avait trop d'huile et pas assez de vinaigre.

Ou réciproquement.

La vieille, enfin, décida qu'elle ferait sa salade elle-même.

... A cette époque, Clémence avait pour amant un petit jeune homme fort doux, préparateur de chimie au Collège de France.

Informé des tortures de sa bonne amie, le petit jeune homme fort doux proposa :

— Veux-tu rigoler ?

— Je ne demande pas mieux.

— Bon... Je t'apporterai de l'huile et du vinaigre dont tu rempliras les fioles *ad hoc*, un jour où il y aura grand dîner chez tes singes.

Le petit jeune homme fort doux livra à son amie un vinaigre composé d'un mélange d'acides sulfurique et nitrique.

L'huile se trouva remplacée par de la bonne glycérine, légèrement teintée de jaune.

. . . .

... Tous ceux de nos lecteurs qui ont seulement passé deux ou trois ans dans une sérieuse fabrique de dynamite, savent que le mélange des corps ci-dessus forme ce qu'on est convenu d'appeler de la nitro-glycérine.

Quand le mélange est opéré brusquement et sans précaution, il se produit une élévation de température bientôt suivie d'une de ces explosions après lesquelles on n'a qu'à tirer l'échelle (s'il en reste).

. . . .

Les choses se passèrent comme il était prévu.

Malgré le grand tralala du dîner de ce soir, la dame tint à accommoder sa salade elle-même. Alors le saladier fut réduit en miettes et la chicorée violemment projetée sur tous les assistants.

Malheureusement, l'accident ne se borna pas à ces quelques dégâts.

La vaisselle et la cristallerie crurent devoir se brusquement fragmenter, et aussi, la table, ainsi que la figure et les membres de ces messieurs et dames.

Pendant ce temps, il y avait dans la cuisine deux personnes qui n'avaient jamais tant ri.

HISTORIQUE D'UNE MODE

BEAUCOUP PLUS VIEILLE QU'ON NE CROIT

GÉNÉRALEMENT

Je parie que sur cent de mes lecteurs il s'en trouve quatre-vingt dix (au bas mot) persuadés que la coutume, chez les gens *chic*, d'envoyer blanchir à Londres leur linge est d'innovation récente.

Ces quatre-vingt-dix (au bas mot) lecteurs barbotent dans le marécage de l'erreur : la coutume, chez les gens *chic*, d'envoyer blanchir à Londres leur linge est de généralisation récente mais de fondation huit fois séculaire.

Huit fois seculaire ! Vous avez bien lu.

C'est une assez curieuse histoire, connue seulement de quelques érudits et qui mérite une publicité plus large.

Il nous faut, mesdames et messieurs, remonter à la première moitié du onzième siècle.

A cette époque, vivait le regretté Robert II, sixième duc de Normandie, plus connu de MM. Ritt et Gailhard sous le nom de Robert le Diable.

Un jour que ce seigneur se promenait dans les environs de Falaise, il aperçut, lavant du linge dans l'Ante, une jeune fille d'une éclatante beauté, qui s'appelait Arlette et dont le père était corroyeur.

Neuf mois après cette rencontre, naissait un gros garçon, fort et roux, qu'on appela

Guillaume et qui manifesta, dès sa plus tendre enfance, un vif penchant pour la conquête de l'Angleterre.

Ses parents ne voulurent point contrarier une vocation si nettement indiquée.

Le 27 septembre 1066, le jeune Guillaume le Bâtard débarquait à Vevensey avec plusieurs barons normands et quelques milliers de joyeux lascars dont les yeux ignoraient la honte des basses températures.

Prévenu de l'arrivée de Guillaume, le jeune Harold, qui détenait, pour le moment, la couronne d'Angleterre, arriva en toute hâte à la rencontre de son cousin (car ils étaient cousins).

L'entrevue eut lieu dans les environs de Hastings et fut dénuée de cordialité.

Il en résulta que notre ami Guillaume monta, sans plus de façons, sur le trône d'Angleterre.

Bien installé dans son nouveau poste, il eut l'idée touchante de faire venir auprès de lui sa digne maman, madame Arlette, encore fort jolie, ma foi, et âgée seulement d'une quarantaine d'années.

La brave femme, que les succès de son garçon n'avaient su griser, consentit à s'installer à Londres, mais à condition, exigea-t-elle, d'y continuer sa florissante industrie de blanchissage qu'elle n'avait jamais d'ailleurs interrompue à Falaise.

Guillaume, quoique fort bon garçon, ne badinait pas avec le service et, pour un oui pour un non, il vous faisait crever les yeux d'un bonhomme, sans sourciller.

Aussi était-il fort craint.

Ses vassaux, ceux d'Angleterre et ceux de Normandie, ne trouvèrent rien de mieux, pour se faire bien voir, que d'envoyer blanchir leur linge chez sa maman.

Le premier lundi de chaque mois, une nef partait de Dives, chargée du linge de tous les seigneurs du pays, pour revenir le mois d'après, avec sa blanche cargaison toute bon fleurante d'honnête lessive.

Si bien que, même morte Arlette, même mort William the Conqueror, la coutume se poursuivit chez beaucoup de seigneurs français d'envoyer à Londres leur linge blanchir.

Il y a quelques années, le snobisme s'en mêla, au grand détriment de la lavanderie française, laquelle pourtant vaut bien celle d'Outre-Manche.

Du haut du ciel, sa demeure dernière, Arlette doit bien regretter l'initiative qu'elle prit de cette mode si préjudiciable aux intérêts de notre pays.

MIEUX QU'UNE SŒUR !

ou

UN RUDE COUP POUR LE PAUVRE AMOUREUX

Pauvre type !

Un jour, enfin, il s'était décidé à lui avouer sa flamme.

La jeune fille écouta froidement le jeune homme et, quand il eut fini de bégayer son ardente et sincère déclaration, elle le pria de biffer de ses tablettes tout espoir.

De grosses larmes vinrent aux yeux du pauvre garçon, et, bien que de complexion plutôt rosse, la jeune fille (qui s'appelait d'ailleurs Alice) se sentit touchée.

Elle lui serra les mains très gentiment, le consola, lui prédit l'oubli proche et conclut :

— Vous aurez toujours en moi une sœur, mon ami, une véritable sœur.

Le pauvre garçon jeta sur Alice un long regard de détresse et s'en alla chez lui sangloter tout à son aise ; après quoi, sur l'injonction paternelle, il gagna des contrées pittoresques, en espoir d'oublier la cruelle.

. . . .

Trois mois se sont écoulés.

C'est l'été.

Le jeune homme débarque au Havre, venant d'Amérique à bord de *la Normandie* dont le médecin (le si excellent docteur Leca pourtant) n'a pu le guérir de sa fatale passion.

Par une lettre trouvée dans son courrier,

il apprend qu'Alice, l'adorable Alice, villégiature tout prêt, à Etretat.

Peu d'instants s'écoulent et le jeune homme arrive en cette charmante bourgade.

Son cœur, son pauvre cœur bat à casser les parois de sa poitrine, une brume trouble sa vue et toutes les femmes qu'il aperçoit dans la rue, il croit que c'est Alice.

Sur la plage, une jeune fille est là qui s'avance vers lui, la main tendue en cordial accueil.

Cette fois, c'est réellement Alice, Alice mille fois plus belle encore que cet hiver, Alice toute fraîche et rose en son costume de piqué blanc, Alice enfin, Alice !

Comment l'infortuné garçon ne s'effondre-t-il point sur les galets, telle une loque mouillée, heureux prodige de la nature !

Alice a gardé sa main à lui dans sa menotte à elle.

— Vous souvenez-vous, mon ami, de ce que je vous ai dit, il y a trois mois?

Quelques mots qui tiennent plus du gémissement que du langage articulé servent de réponse.

— Je vous ai dit, continue la jeune fille, que je serai toujours pour vous une sœur.

— Oui, une sœur, hélas!

— Depuis notre dernier entretien, mon enfant, il s'est passé bien des événements.

— Ah!

— Oui, mon ami, et... ce n'est plus *Sœur* que je suis décidée à être pour vous...

Le malheureux ne sait plus où il en est. Que veut-elle dire?

Une lueur d'espoir filtre en son cœur... Mais non, ce serait trop fou!

— Je suis décidée, mon ami, à devenir pour vous *mieux* qu'une sœur.

Elle insiste tellement sur le mot *mieux* qu'il n'a plus de doute.

— Quoi!... Vous consentiriez... à devenir... *mieux* qu'une sœur?

— Oui, mon ami, car je vais devenir votre *Belle-Mère!*... J'épouse monsieur votre père à la fin du mois.

Le jeune homme n'eut pas grand appétit, ce soir-là, à l'hôtel.

Pauvre type!

LE CHARCUTIER PRATIQUE

C'est ce même charcutier qui répondit un jour à une commission d'hygiène qui enquêtait sur les industries insalubres :

— Où je jette mes résidus ? Quels résidus ?

— Vos résidus, parbleu ! vos détritus.

— Des détritus ! Mais je n'ai jamais eu de détritus ! Un bon charcutier ne sait pas ce que c'est qu'un détritus. Dans notre métier, messieurs, c'est comme dans la nature : rien ne se perd, tout se transforme.

Cet homme disait vrai : industriel pratique, avisé commerçant, il faisait flèche de tout bois et marchandise de toute substance.

Des plus aimables, au reste, des plus galants, des plus joviaux, ah! le brave charcutier que c'était, ce charcutier-là!

Tous ces mille avantages ne l'empêchaient pas d'être un terriblement gros individu.

Vous avez sans doute, bons lecteurs, au cours de votre longue carrière, rencontré d'énormes charcutiers; eh bien! prenez les deux plus *conséquents*, agglomérez-les et vous obtiendrez à peine un type aussi volumineux que mon charcutier, à moi.

Tout alla bien jusqu'au jour où notre homme, se mêlant d'engraisser encore, ne put plus bouger et contracta, de cette immobilité, une grave maladie.

Des médecins consultés l'engagèrent à se faire enlever son excédent de graisse.

Les bras qu'il jeta au ciel à cette invite, vous les voyez d'ici!

Mais non, ça n'était pas si dangereux, et, grâce aux ressources dont la chirurgie moderne dispose, affirmèrent les morticoles, on vous enlève à un homme trente ou quarante livres de graisse avec l'aisance que met le perruquier à vous *rafraîchir* la barbe.

Le pauvre charcutier demanda à réfléchir.

— Un de ces jours, murmurait-il, un de ces jours.

Et chaque fois que son médecin revenait à la charge, l'homme gras répétait :

— Je me déciderai bientôt.

Un beau soir, il prit la résolution virile, et fit convoquer d'habiles chirurgiens munis de fins aciers et de chloroforme.

L'opération s'accomplit à souhait.

On débarrassa le patient d'une partie de son adipeux fardeau, sans même qu'il se réveillât.

Huit jours après, notre homme descendait

de sa chambre, n'ayant pas connu la fièvre une seule minute.

Par tout le quartier, ce fut un émerveillement.

Je tins à le féliciter :

— Tous mes compliments, mon cher, de votre sveltesse ! Un roseau, on dirait ! Mais dites-moi, pourquoi ne vous être pas décidé plus tôt ?

Le charcutier eut un clignement de ses petits yeux malins et répondit :

— J'attendais la hausse des suifs.

FACHEUSE CONFUSION

— Votre ami Othon? m'interloqua la duchesse, votre ami Othon est un pur goujat!
— Othon? Un pur goujat? Othon?
— Et puis, si vous voulez, mon ami, parlons d'autre chose!... Le seul souvenir de cet être abject me soulève le cœur.

... Je regrette bien, messieurs et dames, que vous ne connaissiez pas mon ami Othon (plus répandu à Paris sous l'étrange dénomination de *Noyau de Poissy*). Votre stupeur, à l'entendre ainsi traiter, égalerait la mienne.

Othon est un homme qui n'allumerait pas une cigarette devant une station de fiacres sans demander aux cochers si la fumée ne les incommode pas.

Othon est l'homme pour lequel *une femme est toujours une femme.*

Othon... D'ailleurs, je vous l'amènerai un de ces jours, vous pourrez juger par vous-mêmes. Et c'est ce si accompli galant homme que la duchesse m'affirmait tant pignouf!

Le ton formel de la grande dame m'avait clos le bec, à l'émeri, et je n'insistai point.

La conversation roula dès lors sur d'autres tapis. Mais, tout de même, je voulus savoir.

Le lendemain, je rencontrai mon vieux camarade Othon dans le magasin d'un marchand de bibelots chaldéens chez lequel il se fournit de préférence.

En deux mots, je le mis au courant de l'atroce situation.

Il m'écoutait, l'œil en l'air, la main lissant sa copieuse barbe blonde :

— Oui, cher, je sais...

— Que s'est-il donc passé entre la grande dame et toi ?

— Rien du tout, mais si effroyable !

Je dus faire appel à ma plus sombre énergie pour lui tirer une pâle explique. Ça n'était rien, en effet, mais il n'en fallait pas davantage.

... Cet été, Othon avait reçu une invitation à déjeuner chez la duchesse, en sa villa.

Avant de se mettre à table, on causait du pays, des sites, des excursions.

Othon, qui connaît la région comme pas un, donnait des tuyaux.

Superbe, le pays ! Mais pas drôles, les habitants ! Et hostiles aux étrangers ? Et taquins.

— Dans les premiers temps, contait-il, la

municipalité me chercha mille noises ; *je répondis au maire d'alors...*

Juste au moment où Othon prononçait ces mots, la duchesse entrait dans le salon. Quand notre brave ami lui offrit son bras, elle prit celui d'un autre, d'un ton sec.

A table, la jeune et belle voisine d'Othon s'informa.

— Qu'est-ce que c'est que ce poisson ?

— Du sansonnet, madame.

— Du sansonnet ? Qu'est-ce que c'est que le sansonnet ?

Précisément, un silence se fit à ce moment, de sorte que chacun put entendre la réponse d'Othon :

— C'est une espèce de petit maquereau.

Et précisément aussi, à ce moment, la duchesse venait de parler de son neveu.

Fâcheuse confusion.

LE BON BUCHER

De préférence à toute autre, je recherche la conversation des savants et des voyageurs.

Surtout celle des voyageurs.

Quand j'entends dire d'un monsieur :

Voici un homme qui a beauconp voyagé, je m'approche et, sans plus tarder, je mets tout en œuvre pour mériter la confiance du hardi pionnier, et lui arracher le récit de ses aventures.

C'est ainsi que j'ai fait connaissance d'un nommé Lamitouille, actuellement limonadier à Fécamp, mais, jadis, infatigable trotteur de globe, comme disent les Anglais.

Ce pauvre Lamitouille, aujourd'hui complètement abruti par l'alcool et toutes sortes de débauches, était, en son temps, un joyeux drille, paraît-il, et un rude lapin.

A de certains instants, sa conversation dégage encore quelque intérêt, et quand il n'a pas absorbé plus de sept ou huit absinthes, on peut tirer de lui le récit à peu près intelligible d'une aventure pas trop banale.

Hier soir, il nous contait, de sa voix pâteuse et inarticulée, les tablatures inouïes que lui procura la traversée d'une inextricable forêt en Afrique, dans cette *darkest Africa* où Stanley n'a jamais mis les pieds, affirme Lamitouille.

— Je me demande, dit l'un de nous, quel plaisir on peut éprouver à de telles entreprises.

— Mais si ! mais si ! On ne rigole pas tout le temps, mais quand on rigole, on rigole bien.

— Ah ! ah !

— Tenez, dans cette forêt d'Afrique, de laquelle je vous parle, nous sommes tombés sur une peuplade épatante et pas ordinaire, je vous prie de le croire. Quelles drôles de mœurs ils ont, ces gens-là !... Ainsi, quand une fille se marie, on fait monter sa mère sur un bûcher et on la brûle le jour même de la noce.

— Voilà qui simplifie étrangement la question des belles-mères.

— Je vous écoute ! Aussi, vous pensez si nous avons profité de l'occase ! Les sept blancs que nous étions dans l'expédition, nous avons demandé en mariage sept jeunes filles du pays, nous les avons épousées le même jour, nous avons brûlé nos sept belles-mères sur le bûcher !... Jamais, vous entendez bien, JAMAIS nous n'avons tant ri !

En disant ces paroles, les traits de Lamitouille reflétaient l'expression la plus hideuse de la féroce allégresse.

Avez-vous vu parfois un tigre rigoler comme une baleine ? (La nature est fertile en telles analogies.)

Le fait est que ces sept infortunées créatures flambant en chœur devaient constituer un assez curieux spectacle, et nul doute que si pareille combustion avait lieu à Dieppe, par exemple, la Compagnie de l'Ouest ne manquerait pas d'organiser un excellent train de plaisir pour la circonstance !

— Si le mariage en France, conclut Lamitouille, s'accompagnait de cette formalité, si chaque fois qu'on unit une jeune fille à un jeune homme on réduisait en cendres la maman d'icelle, tenez pour certain que le mariage retrouverait vite sa vieille vogue d'autrefois.

— Oui, mais jamais la France n'adoptera une mesure pourtant si simple, et qui suffirait à paralyser la dépopulation.

— Et toujours, en France, les meilleures réformes seront entravées par je ne sais quel sentimentalisme niais.

UNE INNOVATION

A LAQUELLE TOUT LE MONDE APPLAUDIRA

Je tiens à remercier publiquement, tant au nom de l'humanité tout entière qu'au mien propre, l'administration supérieure des Chemins de fer de l'Ouest de l'honneur qu'elle m'a fait en m'invitant, moi seul de la presse, au très intéressant essai de vendredi dernier.

Ajoutons que cette expérience a été pleinement couronnée de succès et qu'elle n'attend plus que l'homologation de l'État (est-ce bien le terme ?) pour entrer dans la pratique.

... On ne m'avait pas dit de quoi il s'agissait.

— Trouvez-vous, me prévenait simplement un très aimable ingénieur de la Compagnie, trouvez-vous, à 10 h. 25, à la gare des Batignolles, et vous assisterez à quelque chose de fort curieux.

Vous pensez si j'eus garde de manquer pareille occasion !

A l'heure dite, j'étais au rendez-vous.

Un train chauffait, tout prêt à partir.

Pas mal de personnages bien mis se trouvaient déjà là, dont beaucoup portaient, à la boutonnière, la rosette rouge de la Légion d'honneur.

— En voiture, s'il vous plaît, messieurs ! cria l'ingénieur aimable dont j'ai parlé plus haut.

J'ai oublié de le dire, mais je pense qu'il est temps encore de réparer cette négligence, il faisait excessivement chaud.

Nous montâmes dans nos wagons.

Un coup de sifflet déchira l'air, le train s'ébranla.

Ce train était un de ces trains qui ressemblent à tous les trains.

Il se composait de plusieurs wagons, lesquels se subdivisaient eux-mêmes en un certain nombre de compartiments.

Jusqu'ici, donc, rien d'anormal, rien de nouveau.

J'en étais là de mes réflexions, quand, à ma grande stupeur, j'aperçus tous mes compagnons de route en train de se déchausser.

De l'air le plus naturel du monde, ces messieurs enlevaient leurs bottines et leurs chaussettes.

Ils relevaient leur pantalon et leur caleçon jusqu'au genou.

Après quoi l'un d'eux souleva une plaque de tôle posée sur le parquet et mit à découvert un large bassin rempli d'eau, bassin occupant toute la largeur du compartiment.

Et tous ces gens de se livrer aux douceurs du bain de pied.

Ma foi, je fis comme eux.

On ne saurait se figurer, si on ne l'a pas goûtée soi-même, l'exquise sensation que procure un bain pied en *rail-road* : c'est délicieux.

Je compris alors à quelle expérience j'assistais.

D'ailleurs, un monsieur décoré me mettait au courant, avec une de ces bonnes grâces comme on n'en rencontre plus que dans les hautes sphères administratives.

L'installation de bains de pieds dans toutes les voitures de la Compagnie aura plusieurs résultats excellents :

Pour les voyageurs, aise, hygiène, propreté.

Pour les Compagnies, énorme économie de combustible.

Au moment où on la refoule dans lesdits bassins, l'eau est à une température d'environ 15°.

Le contact, avec les pieds des voyageurs, l'amène assez rapidement (surtout en été) à la température du pied humain, 37°.

A ce moment, l'eau tiède est refoulée dans la chaudière et remplacée par de la plus fraîche.

C'est donc *vingt-deux degrés* de chaleur qui ne coûtent rien à l'administration !

J'ai égaré le papier sur lequel j'avais pris mes notes, mais je crois me rappeler que la chaleur humaine, ainsi captée et utilisée, représente une économie de 100 grammes de charbon par voyageur et par kilomètre.

Voilà, je crois, un fait unique dans les fastes des grandes Compagnies : une réforme réunissant dans une commune satisfaction les actionnaires et le public.

Le voilà, le bon collectivisme, le voilà bien !

TRUC FUNÈBRE ET CANAILLE

EMPLOYÉ PAR CETTE VIEILLE FRIPOUILLE DE PÈRE FURET

Le père Furet attendait depuis huit jours la visite de la vieille baronne de Malenpis.

Aussi, ne fut-il nullement étonné de voir une calèche s'arrêter devant sa porte, la baronne en descendre et demander :

— Monsieur Furet ?

— C'est moi, madame, c'est moi-même en personne qu'est le père Furet, pour vous servir, s'il y a moyen.

— Vous me connaissez, sans doute ?

— Je vous connais sans vous connaître, madame ; je vous connais de vous voir passer dans votre voiture, mais ça ne s'appelle pas connaître une dame...

— Enfin... vous savez qui je suis ?

— Des gens m'ont dit comme ça que vous seriez, il paraît, la nouvelle propriétaire du château.

— Précisément... Alors, vous devez bien vous douter du motif qui m'amène chez vous ?

— Ma foi, madame, j'en suis à me le demander... je ne m'en doute pas plus que rien du tout.

— Allons, monsieur Furet, ne faites pas le finaud avec moi... Vous savez bien que je viens pour votre petit pré.

— Mon petit pré ! Quel petit pré ? C'est que j'en ai plusieurs dans le pays, des petits prés.

— Je parle de celui qui se trouve en bordure sur l'avenue du château, à l'entrée du parc.

— Tiens, tiens, tiens! Alors, ça vous ferait plaisir, ce petit bout de terrain?

— Seriez-vous disposé à me le céder?

— Mon Dieu, madame la baronne, si ce pauvre petit morceau de terrain vous fait plaisir, je me ferai un véritable agrément de vous le céder.

— Combien en demandez-vous?

— Combien que vous en donnez, vous, madame la baronne?

— Tenez, monsieur Furet, je ne suis pas disposée à finasser avec vous. Votre pré vaut bien 500 francs, je vous en donne 1,000... Est-ce convenu?

— Mais, madame la baronne, expliquez-moi pourquoi vous me donnez 1,000 francs de ce pré, s'il n'en vaut que 500?

— Pour en finir plus vite.

— Eh ben ! alors, je vas vous donner un moyen d'en finir encore plus vite. Payez-moi mon pré 10,000 francs et il est à vous.

— 10,000 francs ! Mais vous êtes fou, mon pauvre bonhomme !

— Alors, madame la baronne, n'en parlons plus ! Gardez votre argent et moi je garde ma terre.

La baronne de Malenpis sortit, furieuse, en grommelant : « Vieille canaille, va ! »

... Le pré en question avait été payé, dans le temps, 300 francs par le père Furet à l'ancien propriétaire du château qui, à peu près ruiné, commençait à vendre son domaine par morceaux.

La situation indiscrète de ce lopin dans le parc, en bordure sur l'avenue de tilleuls qui mène à la maison, était bien faite pour gêner la nouvelle châtelaine ; mais payer 10,000 fr.

ce misérable carré de terre, folie furieuse !

A quelques jours de là, le père Furet, dans une conversation avec le cocher de la baronne, apprit que la vieille dame n'allait pas aux offices du village, par horreur de traverser le cimetière qui entoure l'église.

La vue d'un tombeau la faisait se pâmer. Un tombeau, que dis-je? Une simple croix noire avec un CI-GÎT dessus.

A cette révélation, le père Furet rentra chez lui tout songeur.

Il dormit peu cette nuit-là et, dès le matin, se mit à la besogne.

Le lendemain, la vieille baronne de Malenpis accomplissait, dans le parc, sa petite promenade hygiénique; mais elle ne parvint point jusqu'à la grille.

Du château, ses gens la virent jeter les bras en l'air; on entendit de grands cris et on accourut.

— Quoi donc, madame la baronne, qu'y a-t-il?

— Là... désignait la pauvre vieille blême bonne femme... là!

Et son doigt tremblant indiquait le pré du père Furet, d'où émergeaient une vingtaine de belles croix funéraires toutes noires avec, dessus, des larmes et des inscriptions peintes en blanc.

Le soir même, le père Furet était invité à passer chez le notaire, et à y toucher 10,000 francs, prix convenu de son terrain.

Et cette vieille canaille de père Furet accepta, mais en exigeant qu'on ajoûtat aux 10,000 francs quatre-vingt-sept francs cinquante, montant de ses débours pour les croix de son petit cimetière.

FRAUDE

Par une claire après-midi du mois de juillet, un homme jeune encore et d'apparence robuste sautait d'un trois-mâts finlandais sur le quai d'un port normand.

Il tenait sous son bras, et enveloppé dans un journal, un flacon de la capacité d'environ un litre.

Un vigilant douanier avait vu le manège de l'homme jeune encore.

Cent mètres plus loin, il rattrapait ce dernier sur un pont, lui mettait la main sur l'épaule et, de l'air satisfait qu'arborent les gabelous en cette circonstance, ricanait :

— Ah ! ah ! mon gaillard, je vous y prends !

— Vous m'y prenez !... A quoi m'y prenez-vous ?

— A débarquer de la marchandise sans déclaration.

— Quelle marchandise ?

— Là, cette bouteille que vous avez sous le bras.

— Ah !... Cette bouteille ?

— Oui, cette bouteille.

L'homme eut alors comme la fulguration d'une idée subite, à la fois cocasse et ingénieuse.

Le gabelou reprit :

— Qu'y a-t-il dans cette bouteille ?

— Je n'en sais rien.

— Ah ! vous n'en savez rien ? Eh bien, moi je vais vous l'apprendre dans cinq minutes. Suivez-moi au poste.

— C'est que... c'est que je n'ai pas beaucoup de temps en ce moment.

Ce fut un grand éclat de rire pour le modeste préposé des douanes... Pas beaucoup de temps! On allait lui en f... du temps!

Au poste, on débarrassa la bouteille du papier qui l'enveloppait.

C'était un flacon à large ouverture, en verre presque noir, un de ces flacons dont on se sert à bord des bateaux pour enfermer certaines conserves.

Débouchée, la fiole exhala par tout le poste une délicieuse odeur de tafia.

Le gabelou triomphait :

— Savez-vous, maintenant, ce qu'il y a, gros malin, dans votre bouteille?

— On dirait du rhum, répondit cyniquement le fraudeur.

— Et du fameux! appuya l'humble fonctionnaire.

Un verre apparut comme par miracle et se remplit en faveur du brigadier qui claqua sa langue contre son palais, en connaisseur.

Le simple douanier goûta, à son tour, du fautif liquide.

Et puis aussi le lieutenant qui passait par là, en visite.

Et puis un sous-brigadier et les huit ou dix hommes présents au poste.

Bref, la moitié du liquide était déjà absorbée par ces dégustateurs officiels, quand le lieutenant aperçut je ne sais quoi de blanchâtre qui flottait dans le flacon.

— Qu'est-ce que c'est que ça ? s'informa-t-il avec un léger début de méfiance.

— Ça, répondit froidement le pseudo-contrebandier, c'est un ver solitaire du capitaine du *Helsingfors*, que je porte chez le médecin pour le faire examiner au microscope.

— Vous auriez bien pu nous avertir, espèce de saligaud !

— Je vous ferai remarquer, mon lieutenant, que ce n'est pas moi qui ai offert la tournée.

Le lieutenant n'eut ni la force ni le loisir d'en entendre plus long.

Il sortit dans la cour, suivi de tout le poste, et, pendant quelques minutes, le spectacle manqua de prestige.

Et le *ship-chandler*, qui me racontait lui-même cette absolument véridique histoire, me déclarait n'avoir jamais tant ri de sa vie.

DYNASTIC

Précisément, mon ami Leca, l'excellent docteur de la *Normandie*, connaissait ces deux gentlemen américains pour avoir traversé l'Atlantique avec eux.

Nous fûmes présentés.

L'un, citoyen de Boston, homme de tenue discrète et de bonnes manières.

Le second, un de ces rudes hommes de l'West, grand diable déluré et gueulant haut. *Populist* enragé, d'ailleurs, et *free silverist* irréductible, il rentrait en Amérique exprès pour soutenir la candidature de son camarade Bryan.

Le premier revenait de visiter l'Exposition de Budapest et paraissait ravi de son voyage.

Tous ces costumes, toute cette musique, toutes ces femmes! Ah! toutes ces femmes!

— *Rapid flirt*, hé? rigolait l'homme de l'West.

— *Excessively rapid!* confirmait le Bostonien pensif.

Mais ce qui le charmait le plus, dans tous ces souvenirs, c'est l'honneur qu'il avait eu d'être présenté à l'ex-roi Milan.

Car il appartenait à ce lot important d'Américains qui se laissent épater par la friperie héraldique ou dynastique de notre vieille bête d'Europe.

Un comte! et son chapeau se soulevait de lui-même.

Un roi! et voilà notre citoyen bas courbé.

S'il avait eu des filles, ce brave homme se

serait certainement dépouillé jusqu'au dernier dollar pour que ses *girls* devinssent duchesses ou marquises.

Innocente faiblesse, qui ne fait de tort à personne et qui jette dans la circulation parisienne quelques millions de plus par an !

(Signalons, à ce propos, l'imminente arrivée dans nos murs, pour y mener grand train, d'un noble seigneur, lord Mac Astroll, descendant authentique des anciens rois d'Ecosse, lequel vient d'épouser une jeune et charmante milliardaire américaine. M. Mac Astroll saura, nous en sommes certains, rester digne du grand nom qu'il porte, surtout de la première syllabe.)

L'homme de Boston ne tarissait pas d'éloges sur le roi Milan, sur son grand air, son auguste physionomie, son auguste allure, son facile et gracieux abord.

— Dans la soirée, ajouta-t-il, je rencontrai Sa Majesté au club et Elle daigna m'admettre à la table de poker où Elle jouait.

L'autre Américain paraissait fort amusé de ces expressions respectueuses et spéciales avec lesquelles son compatriote désignait un être humain pas autrement bâti que vous et moi.

La joie le poussait à se frapper les cuisses bruyamment et à pousser des éclats de rire auprès desquels la gaieté des dieux d'Homère aurait semblé une légère satisfaction, à peine.

C'est de la sorte qu'on marque son plaisir dans l'West des Etats-Unis.

— Ainsi donc, vous avez joué au poker avec un roi?

— J'ai eu cet honneur.

— Avez-vous gagné?

— Non, j'ai perdu.

— Eh bien! moi qui vous parle, j'ai joué avec quatre rois!

— Quatre rois!

— Quatre rois, et j'ai gagné!

— Quatre rois!

— Quatre rois... et un as!

L'ASCENSEUR DU PEUPLE

Je ne sais si vous êtes comme moi; comme dit Sarcey, mais je n'ai jamais compris pourquoi les propriétaires louaient leur sixième étage moins cher que leur premier.

Un sixième étage coûte autant à construire qu'un premier, et même davantage, car les matériaux doivent être grimpés plus haut et la main-d'œuvre est d'autant plus dispendieuse qu'elle s'exerce sur un chantier plus loin du sol. (Demandez plutôt aux entrepreneurs de Chicago qui construisent des maisons de vingt-deux étages.)

Donc, le raisonnement qui pousse les propriétaires à louer leurs appartements moins cher dès qu'ils se rapprochent du ciel, est aussi faux que celui de ces imbéciles de marchands d'œufs qui, au lieu de vendre, un bon prix, leur marchandise au sortir du cul de la poule, préfèrent attendre quelques jours pour en tirer un bénéfice moindre.

Ce bas prix des logements haut situés les désigne tout naturellement au choix des ménages pauvres ou des personnes avares.

Dans les immeubles dotés d'un ascenseur (*lift*), le mal n'est que mi, mais l'ascenseur (*lift*) est rare dans nos bâtisses françaises, surtout dans celles où s'abritent le prolétariat, la menue bourgeoisie et la toute petite administration.

Pauvres gens qui trimez tout le jour, c'est votre lot à vous, chaque soir, accomplie la rude besogne, de grimper, à l'exemple du divin Sauveur, votre quotidien calvaire, cependant que de gras oisifs, d'opulents exploiteurs n'ont qu'un bouton à pousser pour regagner, mollement assis, leurs somptueux entresols !

La voilà, la justice sociale ! La voilà bien !

..... On m'a présenté, dernièrement, un monsieur qui a trouvé un moyen fort ingénieux pour remédier à ce déplorable état de choses.

Simple employé dans la *Compagnie générale d'Assurances contre la Moisissure*, cet individu, auquel ses appointements ne permettent qu'un humble sixième étage, est atteint d'une vive répulsion pour les escaliers ; tellement vive, cette répulsion, qu'elle frise la *phobie !*

Alors, notre homme a imaginé un truc fort ingénieux pour s'éviter la formalité de ses quatre-vingts marches.

Avec l'assentiment du propriétaire, il a organisé à l'une de ses fenêtres un appareil assez semblable à celui dont on se sert pour tirer l'eau des puits: une forte poulie, une solide corde, et, aux bouts de la solide corde, deux robustes paniers pouvant contenir chacun une personne.

Sur le coup de sept heures et demie ou huit heures, selon qu'il a bu deux ou trois absinthes, l'employé de la *Compagnie générale d'Assurances contre la Moisissure* arrive au pied de sa maison.

Un coup de sifflet! Une fenêtre s'ouvre; au bout d'une corde, un panier descend jusqu'au sol.

L'homme s'installe dans le panier.

Second coup de sifflet! C'est alors au tour de la bourgeoise d'enjamber le balcon et de s'installer dans l'autre panier.

Comme le poids de la dame est inférieur à

celui du monsieur, il ne se passe rien tant que l'aîné des garçons n'a pas ajouté à sa maman un poids supplémentaire.

Ce poids est représenté par une lourde pendule Empire, qui suffit à rompre l'équilibre.

Dès lors, le panier de la dame descend, cependant que monte celui du monsieur.

Ce dernier peut ainsi regagner son appartement sans la moindre fatigue.

La femme n'a plus qu'à remonter les six étages par l'escalier, tenant dans ses bras la pendule Empire, à laquelle elle doit faire bien attention, car son mari y tient énormément.

ARTILLERIE

Deux canonniers sont sortis de l'enfer,
Un soir, par la fenêtre.

Pour une mésaventure pas banale, voici une mésaventure pas banale :

« M. Goubel, raconte le Petit Calaisien, se trouvait, jeudi après-midi, dans les cabinets d'aisances de son habitation, lorsque tout à coup, par suite d'une dérivation de tir, un boulet plein lancé par la batterie de la commission d'expériences vint frapper juste à l'encoignure de la maison où se trouvent les cabinets et y effectua une trouée de deux mètres environ de long sur une largeur égale.

» M. Goubel, qui avait conservé tout son sang-froid, se protégea comme il put contre la chute de briques qui lui tombaient sur le corps, de tous côtés, mais lorsqu'on vint enfin le tirer de sa mauvaise position, il n'en avait pas moins les jambes fortement endommagées. Il en sera quitte pour une quinzaine de jours de repos ! »

Au nom tout entier de l'élément civil, je souhaite le prompt rétablissement de M. Goubel et je propose de voter un blâme à l'artillerie française, qui en prend un peu à son aise, n'est-ce pas? de bombarder ainsi les gens en paix, si j'ose emprunter ce terme à notre maître Armand Silvestre.

La lecture de ce fait divers n'a point laissé que de m'inquiéter jusqu'aux moelles.

Précisément — et je demande pardon à

mes lecteurs de les entretenir de ces détails — mes water-closets sont situés juste en face des essais de la fonderie Canet (canons à tir rapide que notre marine vient enfin d'adopter, entre parenthèses).

Je ne suis séparé de cette manufacture que par la baie de la Seine (1), douze pauvres kilomètres qui ne seraient qu'un jeu d'enfant pour ces puissants engins.

J'ai bien envie de faire venir des artisans et de les prier de revêtir extérieurement mes cabinets avec ce mélange (ciment et liège granulé) dont les Américains blindent certains de leurs cuirassés, car autant il me serait doux de mourir pour la gloire de ma France chérie, autant cela me semblerait ridicule de recevoir des boulets de canon dans le sein de mes W. C.

Et pourtant, je n'aurais pas volé cet étrange

(1) Ces lignes furent écrites au cours de l'été 1897.

trépas, car il s'en fallut peu, voilà une dizaine d'années, que la vaillante petite cité honfleuraise dont j'habite aujourd'hui les parages, ne fût la proie des obus havrais, et cela sous ma détestable impulsion.

La chose vaut peut-être la peine d'être brièvement contée.

C'était un dimanche de la Pentecôte.

A bord du *François Ier*, qui me transportait de Honfleur au Havre, se trouvaient deux artilleurs qui me parurent ivres autant de rage que de boissons fermentées.

Leurs poings se brandissaient vers la côte et des cris s'exhalaient de leur gorge en fureur : Cochons de Honfleurais ! Salaud de pays ! Tas de fripouilles !

Ils voulurent bien me mettre au courant de la situation.

Arrivés à Honfleur par le précédent bateau, ils s'étaient, tout de suite, pris de querelle avec des pêcheurs, dans un cabaret du quai.

Bientôt survenus, les gendarmes empoignaient les canonniers et les réembarquaient de force, sous la huée des marins, dans le paquebot en partance pour le Havre.

Leurs tentatives de débarquement vengeur furent découronnées de succès.

Inde iræ !

— Mais ils peuvent être tranquilles, hurlaient les bons artilleurs, nous y reviendrons dimanche, dans leur sale patelin ! Nous y reviendrons avec des camarades, et on leur cassera la gueule à tous !

De telles dispositions me parurent trop belles pour ne point être encouragées.

— Savez-vous, leur dis-je, ce que vous feriez, si vous étiez des hommes ?

— Non.

— Où êtes-vous casernés ?

— Au fort de Sainte-Adresse.

— Eh bien, à votre place, aussitôt débarqué, je monterais au fort et je tirerais deux ou trois bons obus sur ce ridicule Honfleur, qui sut si mal accueillir votre fantaisie d'artilleurs en joie !

— Oui, c'est ça ! Bombardons Honfleur ! C'est les gendarmes qui feront une gueule !

Arrivés au Havre, les canonniers burent encore, par mes soins, quelques alcools d'une rare violence.

Je les quittai sur la promesse formelle d'un imminent bombardement.

Ces fils de sainte Barbe ne tinrent pas leur promesse, car la journée se passa sans la moindre manifestation obusière.

Peut-être une tutélaire et immédiate salle de police s'opposa-t-elle à leur entreprise.

Je ne m'en consolai jamais.

THE SMELL-BUOY

L'effroyable catastrophe du *Drummond-Castle* met encore sur le tapis de l'actualité la question si importante des phares.

Quoi qu'en aient dit certains journaux anglais, les côtes de France sont aussi bien éclairées que celles d'Angleterre, munies relativement d'autant de phares, lesquels portent des feux aussi intenses que de l'autre côté de la Manche.

Par malheur, il est des cas où les phares, si nombreux soient-ils et si éblouissants, ne suffisent pas à avertir du danger le pauvre navigateur.

Le brouillard est parfois si intense en mer, que le matelot n'aperçoit pas la lueur de sa pipe (*the light of his pipe*).

C'est alors qu'on songea, puisque le sens de la vue n'était point, en ce cas, utilisable, à faire appel au sens de l'ouïe et qu'on inventa la sirène aux lugubres et avertisseurs meuglements.

Cet appareil ne donna point les résultats qu'on attendait de lui, car si puissante que soit la sirène, sa portée a des limites assez humbles.

Autre inconvénient de la sirène : même les plus exercés marins se trompent facilement sur la direction du son. A une certaine distance, ils font des erreurs d'estime qui vont jusqu'à 90°.

Alors quoi ?

Je demande la parole pour un fait personnel.

Il y a quelques années, j'eus l'occasion, dans je ne sais plus quelle gazette, de traiter cette si intéressante question des phares.

La vue et l'ouïe, disais-je, sont, dans bien des cas, au-dessous de leur mission.

D'autre part, les sens du toucher et du goût ne sauraient, dans une question de récifs, être de la moindre utilité.

Reste le sens de l'odorat.

Personne, jusqu'à présent, n'a songé à employer le nez pour flairer le roc prochain.

Et je proposai à l'administration compétente de créer des bouées à odeur pour parages dangereux.

Pourquoi donc pas ?

Voyez-vous d'ici le tableau : une nuit noire épaissie d'un brouillard compact. Pas un feu sur terre, pas une étoile au ciel !

Comme musique, le sifflement du vent dans les cordages, le fracas des vagues, les cris des femmes et des enfants.

Où sont-ils, les pauvres matelots! Dieu seul le sait et peut-être n'en est-il pas bien sûr!

Tout à coup, le capitaine a reniflé par N.-N.-O un puissant relent de vieux roquefort et par S.-E. une fine odeur de verveine.

Il consulte sa carte (une carte qu'on dressera *ad hoc*), et reconnaît sa position.

Sauvés! merci, mon Dieu!

Il manœuvre en conséquence, et une heure après, le navire est au port; tout le monde, matelots et passagers, entonnent, les uns des hymnes de grâce, les autres, des grogs bien chauds.

Malheureusement, tout cela n'est qu'un rêve.

La routine, la hideuse routine est là, qui

veille, barrière à toute idée neuve, à tout progrès, à tout salut!

Vous me croirez si vous voulez, l'administration des Phares ne m'accusa même pas réception de mon projet de *smell-buoy*.

BATRACHOMATISME

Peut-être se souvient-on de la vigoureuse campagne menée par moi dans ces colonnes pour l'emploi des moteurs animés en remplacement des machines à houille, à pétrole et autres analogues.

L'idée fait son chemin.

Sous l'énergique impulsion d'un grand constructeur de Malines, M. Louis Delmer, l'*hippomobilisme* est en train de devenir une des plus importantes industries modernes.

Plusieurs *hippocycles* circulent à merveille sur les routes d'Angleterre.

M. Adrien de Gerlache, le hardi marin belge qui se prépare à l'exploration du Pôle Sud, a commandé chez un constructeur de navires de Christiandsand trois *bear-boats*, sorte de canots dont l'hélice est actionnée par un ours blanc tournant dans une cage, tel parfois l'écureuil de nos climats.

Bref, l'idée est en route, et bien en route.

Les ingénieurs se décident enfin à comprendre que les entrailles de la terre ne sont pas inépuisables et qu'un jour viendra, plus tôt qu'on ne croit, où notre globe, creusé à l'instar d'un vieux navet, ne recélera plus une parcelle de charbon, une goutte de pétrole.

Alors, tas d'andouilles, comment les ferez-vous marcher, vos machines à vapeur, vos bécanes à essence?

Quand ce moment arrivera, dites-vous, vous ne serez plus de ce monde, et vous vous fichez de ce qui se passera alors.

Joli raisonnement et qui montre bien de quel égoïsme se pétrit votre âme sèche.

Heureusement, tout le monde n'est point comme vous : des esprits généreux, dépouillés de vos sales contingences, veillent, et, dans l'ombre, travaillent à la bonne éclosion des temps futurs !

... J'ai eu le vif plaisir de visiter récemment plusieurs usines à moteurs animés, construites d'après mes dernières indications.

L'une emploie trente mille souris dont le travail représente une force de quarante chevaux-vapeur.

Ces trente mille souris, divisées en deux équipes se relayant toutes les trois heures, actionnent une immense roue creuse qui tourne avec une régularité et une puissance véritablement stupéfiantes.

Voilà donc une force absolument gratuite,

car les quelques francs que coûtent la paille et la nourriture des souris (croûtes de pain, pelures de fromage, détritus ménagers provenant de la ville voisine) sont amplement remboursés par l'excellent fumier que produisent nos petits artisans (300 kilos par jour, soit plus de 100 mille kilos par an !).

L'autre usine me sembla plus curieuse encore, celle dont les machines sont mues par des grenouilles.

Même principe que dans la première : une immense roue creuse semblable à celle dont les Anglais se servent dans leur *hard labour*.

Seulement, au lieu d'esthètes, ce sont des grenouilles qui la font tourner.

On ne saurait se faire une idée de la force produite par la détente d'une grenouille qui saute.

La roue en question trempe, environ d'un tiers, dans l'eau.

Pour empêcher les agiles batraciens de goûter trop longtemps les délices de la natation, un petit courant électrique vient, chaque minute, traverser l'eau, et alors, toutes nos grenouilles de sauter sur les palettes intérieures de la roue !

(Depuis les expériences que Galvani fit jadis sur leurs aïeules de la branche italienne, les grenouilles ont conservé une profonde aversion pour l'électricité.)

Dans cette dernière usine, on n'emploie pas moins de dix-huit mille grenouilles, dont l'énergie totalisée représente soixante chevaux-vapeur.

De tels résultats ne sont-ils pas concluants ?

Dans une prochaine causerie, je reviendrai sur cette passionnante question.

LA PROFESSION TUE LE SENTIMENT

PANNEAU DÉCORATIF

Comme beaucoup de jeunes gens actuels, celui-ci vécut longtemps sans trouver sa vraie voie.

Il était encore tout petit, dans sa natale bourgade, que déjà le microbe du rythme fouillait ses méninges.

A peine arrivé à Paris, très ambitieux, il porta à la *Revue blanche* quelques poèmes symbolards que ces messieurs Natanson se gardèrent soigneusement d'insérer.

Il se rabattit sur des productions d'un ordre moins hermétique, et chanta les petits oiseaux qui s'aiment dans la ramure au son du murmure des ruisseaux.

Ça n'était pas encore ça.

Une courte incursion dans la nouvelle en prose ne lui valut pas plus de gloire ou d'argent.

Une soirée passée au café-concert fut son chemin de Damas, et, à partir de ce moment, sa lyre ne vibra plus qu'en vue de nos music-halls nationaux.

Il faut dire que, tout de suite, il acquit dans ce sport une maëstria incontestable, un doigté peu commun, une abondance torrentielle.

Tous les jours que Dieu fait (et il en fait, le bougre ! comme dit Narcisse Lebeau), notre ami abattit sa petite chanson. Et allez donc !

Il devint rapidement un des fournisseurs les plus recherchés par ces messieurs et dames du concert.

Ne criez pas au surmenage ! Notre ami compose une chanson avec la désinvolture que vous mettriez à... je ne sais pas, moi, à boire un bock, par exemple, ou... au contraire.

— Garçon, de quoi écrire ! demande-t-il.

Un quart d'heure après, la chanson est prête pour la renommée.

L'envers de cette glorieuse médaille, c'est que notre poète ne saurait plus maintenant écrire autre chose qu'une chanson.

Il n'a pas sitôt la plume à la main pour correspondre avec son tailleur, que le premier couplet en est déjà écrit.

Ainsi, hier, subitement bourrelé de remords à l'idée qu'il n'a pas donné de ses nouvelles à ses braves parents depuis près d'un an, il a crié, dans une brasserie du boulevard de Strasbourg :

— Garçon, de quoi écrire !

Voici le résultat :

> Je vous écris, mes chers parents,
> Pour vous donner de mes nouvelles.
> Je n' l'ai pas fait depuis longtemps :
> Excusez-moi, nom d'une poubelle !
>
> J'suis bien portant comme un bison
> Et je souhait' que la présente
> Vous trouv' tous d' même à la maison,
> Car la santé, ça vaut des rentes !

Suit un certain nombre de couplets, tous écrits dans cette langue châtiée, avec ce souci de la forme et du fond, cette ingéniosité rare et sûre, ces mille attraits qui font de notre chanson de café-concert un art dont la France peut à bon droit s'enorgueillir.

Il donne à ses parents des détails sur sa santé, sa situation, ses projets d'avenir, et s'informe d'eux-mêmes, du pays, des voisins, entre autres d'un certain Lamitouille, sur lequel il s'exprime en termes relativement peu flatteurs :

> Et c'lui qu'abus' des mots en us,
> Ce vieux bandit d' pèr' Lamitouille,
> L' patron du café Terminus,
> Est-il toujours aussi fripouille ?

etc., etc.

A retenir les deux couplets finaux où l'on trouve, heureusement réunies, toutes les qualités du jeune maître, rehaussées encore d'une pointe d'attendrissement :

> Mon cher papa, ma chèr' maman,
> Je n'vous en dis pas davantage,
> Parce que me v'là précisément
> Arrivé juste au bas d' la page.
>
> Avec Gustav' le rigolo,
> Tout à côté, j'vas prendr' un verre.
> La *cuite* au prochain numéro !
> J'vous embrass' bien, chers père et mère.

Quand il eut terminé sa missive, il exhala le bon soupir du devoir accompli ; mais comme Vaunel entrait, à ce moment, dans le café, et lui demandait :

— Tu n'as rien pour moi ?

Le chansonnier sans cœur lui remit pour la dire, un de ces soirs, cette lettre où le fils avait mis toute son âme.

Et voilà comment de pauvres gens, là-bas, pleurent, sans nouvelles de leur garçon.

LE VEAU AUX CAROTTES

Ses deux vieilles tantes étaient véritablement délicieuses.

Comme l'une avait été fort jolie, voilà bien longtemps, si jolie et depuis si longtemps, on l'appelait la Belle-Lurette.

L'autre vous avait des façons si simples et un tant cordial accueil, que le nom lui était venu tout seul de la Bonne-Franquette.

La Belle-Lurette et la Bonne-Franquette ne se marièrent jamais; leur famille ne consistait plus qu'en un neveu, un brave garçon de neveu, chef du contentieux dans une grande maison de sacs et de cordes.

Un jour, ce neveu se maria.

Il épousa une charmante demoiselle, un peu niaise, mais bigrement, tout de même, gentille.

Tous les dimanches, ce neveu, que nous appellerons désormais, pour la clarté du récit et pour éviter tout perte de temps, Fernand, tous les dimanches, dis-je, le neveu allait avec sa jeune femme dîner chez ses vieilles tantes.

— Ma chère Lucie, disait le neveu... car pour les mêmes raisons que nous avons baptisé le neveu Fernand, bien que ce ne soit pas son véritable nom, nous appellerons désormais la jeune dame Lucie.

— Ma chère petite femme, disait le neveu, tu es aussi jolie que le fut jadis ma tante, la Belle-Lurette; il ne te reste plus qu'à acquérir les qualités de bonne ménagère qui distinguent ma tante la Bonne-Franquette.

— J'y tâcherai, répondait la petite simplette.

— Ainsi, ne pourrais-tu pas me préparer le café aussi chaud que chez mes tantes? A la maison, il est à peine tiède.

— Je ne sais comment cela se fait... je l'achète pourtant chez le même épicier qu'elles.

Le triomphe culinaire de la Bonne-Franquette, c'était un veau aux carottes, un de ces veaux aux carottes dont les véritables amateurs s'écrient : *Je ne vous dis que ça!*

La pauvre petite jeune femme avait mille fois tenté d'en cuisiner un pareil, mais toujours en vain.

Sans relever nettement du domaine de l'incomestible, son veau aux carottes n'était pas digne de dénouer les cordons des souliers du veau aux carottes de la Bonne-Franquette.

Et pourtant, la jolie petite dame suivait

exactement, ou à peu près, les conseils de la vieille tante.

Mais, tantôt elle oubliait un menu détail, tantôt elle commettait une légère infraction : bref, c'était toujours raté.

Et, chaque dimanche soir, en rentrant à la maison, se renouvelait la même scène entre les époux :

— Tu as vu, encore aujourd'hui, ce veau aux carottes !

— Oui.

— Il était bon, hein ?

— Délicieux.

— Pourquoi n'en fais-tu jamais de pareil ?

— J'y tâcherai.

Pauvre petite femme ! C'était sa seule réponse à tous les reproches : *J'y tâcherai.*

Le plus comique, c'est que régulièrement, chaque semaine, la Bonne-Franquette s'évertuait à inculquer sa recette :

— Tous les dimanches, sur le coup de deux heures, je mets ma rouelle avec mes carottes, du sel, du poivre, des épices, du persil, de la ciboule, des champignons hachés, tout cela dans une casserole, sur un petit feu couvert de cendres, pour que ça mijote, mijote, mijote tout doucement. Après quoi, nous allons aux vêpres. En revenant des vêpres, etc., etc.

— Ça n'est pourtant pas bien difficile, nom d'un chien ! s'impatientait le neveu. Tu esssaieras encore jeudi... Et arrange-toi pour que ce soit bon !

— J'y tâcherai.

Hélas ! ce jeudi-là, l'infortuné veau aux carottes n'aurait pu rencontrer une appellation digne de lui dans n'importe quel vocabulaire humain.

Et comme le monsieur se mettait en violente colère :

— Ce n'est pas ma faute, sanglotait la petite femme, ce n'est pas ma faute.

— Ce n'est pourtant pas la mienne, je suppose.

— C'est la faute à personne. Aujourd'hui, je n'ai pu suivre à la lettre la recette de ta tante Franquette.

— Pourquoi pas ?

— Il n'y a pas de vêpres le jeudi !

UN NOUVEAU MONOPOLE D'ÉTAT

Suivez-vous, dans le *Temps*, la campagne vigoureuse que mène mon vieux camarade Emile Alglave pour le monopole de l'alcool?

Si vous ne la suivez pas, vous avez tort, car la question mérite qu'on s'y intéresse.

De même que le gouvernement est marchand d'allumettes et de tabac, M. Alglave voudrait le voir *marchand de gouttes*.

L'État-mastroquet, quoi!

Cette combinaison, d'après notre économiste, ferait rentrer chaque année, dans le porte-monnaie de la France, pas loin d'un milliard, sans compter qu'on n'aurait plus à ingurgiter les inconcevables mixtures de l'industrie privée (de scrupules).

Le fait est que si l'eau-de-vie du gouvernement ne brûle pas plus que ses allumetttes, il y aura du bon pour les estomacs français.

Paul Leroy-Beaulieu, avec qui je causais de cette réforme fiscale en particulier et des industriels d'État en général, se sentait fort perplexe pour émettre un avis.

Paul Leroy-Beaulieu, et il ne s'en cache pas, a peur des doctrines collectivistes, et lui, jadis si enthousiaste pour tous les monopoles, oppose maintenant mille réserves à leur adoption.

Le mot *État* commence à l'épouvanter, et il souhaite ardemment que tous les vrais amis de l'ordre le remplacent désormais dans leurs conversations ou écrits, par le terme plus conforme de *administration*.

Les mots *progrès, progressiste*, dont se servent certaines fractions du parti républicain, ont également le don de l'agacer ferme.

Le progrès d'aujourd'hui, me disait-il éloquemment, *est le désordre de demain !*

D'ailleurs, cette question du monopole de l'alcool le laisse froid, pour deux raisons.

La première est que M. Paul Leroy-Beaulieu boit fort peu d'eau-de-vie.

Un joli motif, par ma foi !

Alors les Français, que leurs affaires ou leurs goûts n'amènent jamais à Strasbourg et à Metz, devraient se désintéresser des idées de revanche! Non, mille fois non !

La seconde raison est que M. Paul Leroy-Beaulieu a aussi son petit projet, qu'il a bien voulu me confier.

C'est la réforme fiscale par le monopole administratif du ramassage de chiffons, os, détritus, etc.

L'État-chiffonnier ?

Parfaitement.

On ne se doute pas ce que représente d'argent toute cette marchandise disparate qui fait l'objet de l'industrie du chiffonnier.

Malheureusement c'est une profession peu réglementée, assez désordonnée et, pour ainsi dire, pas centralisée.

D'après le projet de M. Paul Leroy-Beaulieu, le gouvernement s'emparerait en totalité de cette branche.

Après avoir dédommagé, par des indemnités suffisantes, les négociants en chiffons, et les chiffonniers proprement dits, le gouvernement nommera un certain nombre de fonctionnaires chargés du ramassage et du tri de tous les chiffons sur la superficie de la France.

Ces fonctionnaires, revêtus, bien entendu,

d'un uniforme, seront commandés par des sous-brigadiers, brigadiers, etc., etc.

Les chiffons seront d'abord dirigés sur le magasin municipal, où ils subiront une première sélection.

Chaque tas, renfermé dans un sac, sera ensuite envoyé vers le magasin cantonal, situé dans le chef-lieu de canton.

Là, des employés feront le mélange des détritus, selon leur spécialité, les os avec les os, les vieilles ferrailles avec les vieilles ferrailles, etc.

Nouvelle centralisation et même travail au chef-lieu d'arrondissement d'abord et ensuite à la Préfecture.

De chaque préfecture, alors, rayonneront vers Paris des trains chargés des détritus départementaux.

A Paris, sous l'inspection d'ingénieurs sortis de l'Ecole polytechnique, ces résidus subiront une dernière sélection et seront envoyés en province, vers des dépots chargés de les utiliser.

Il est difficile, comme on le conçoit, de pouvoir évaluer ce que rapportera ce nouveau monopole (les données manquent actuellement); mais, me disait M. Leroy-Beaulieu, quand on n'aurait que le plaisir de mettre un peu d'ordre et d'uniformité dans une profession qui en fut, jusqu'à présent, si totalement dénuée, l'essai ne mérite-t-il pas d'être tenté?

STRICTE OBSERVANCE

Pour le bon Clovis (de la Scala.)

Quelques semaines après l'enterrement de sa belle-mère, je le rencontrai, intégralement, de la cime du chapeau à la pointe extrême des bottines, vêtu de noir.

De ce noir spécial qui paraît si noir, vous savez?

Je lui serrai la main d'une bonne étreinte cordiale mais peu apitoyée.

— On ne te voit plus, mon vieux, à nos petits six o'clock vermouth du vendredi?

— Impossible, tu comprends, dans ma situation, avant un mois ou deux.

— Vrai ? La disparition de ta belle-mère t'a frappé à ce point ?

— Mon Dieu... Comparer mon chagrin à un abîme insondable serait de l'exagération. (D'autant plus que le trépas de cette vieille dame m'a valu un agréable surcroît de rentes...) Mais, tu sais, les convenances...

— Allons, déroge pour une fois et viens avec moi dire bonsoir aux camarades.

— Je consens, mais cela n'est pas des plus corrects.

Deux amis seulement se trouvaient réunis.

On proposa une manille, une petite manille.

— Oh ! cela, se récria l'endeuillé, impossible !

— Allons donc, tu nous rases avec les

mânes de ta vieille mère Machin! Tu vas faire une manille avec nous!

— Une manille muette, alors?

— Zut! une manille aux enchères, comme d'habitude.

— Je veux bien, mais je vous préviens que je ne *pousserai* pas. Ce serait indécent.

— Tu feras comme tu voudras.

Au bout de quelques parties, nous nous sentions agacés de jouer dans de telles conditions...

L'homme en deuil continuait à jouer silencieusement, sans prendre part aux enchères, sans formuler la moindre réflexion à propos des coups.

La décence de ce monsieur nous devenait outrageante.

— Epatant, remarqua le plus mal élevé de la bande; c'est ta belle-mère qui est claquée et c'est toi qui fais le mort!

— C'est bon, messieurs ; pour ne point vous désobliger, je vais prendre une part plus mouvementée à votre jeu.

Et, en effet, à la partie qui suivait, il renchérit comme un lion !

— Vingt et un !
— Vingt-deux !
— Vingt-trois'
Etc., etc., etc.
— Trente-huit !
— Trente-neuf !
— Quarante !
— C'est pour toi !... Atout ?
— Atout pique.

Le coup fut désastreux pour notre pauvre ami. Lui qui se targuait de faire quarante points, il en obtint juste dix-sept.

— Es-tu bête aussi, toi, de mettre ton atout à pique, quand tu n'as dans ton jeu que du cœur et du carreau !

— Je ne pouvais mettre l'atout ni à carreau ni à cœur.

— Pourquoi cela?

— Je vous rappelle, messieurs, que je suis en deuil.

PÉNIBLE MALENTENDU

Les petites danseuses causaient en attendant le signal du divertissement :

— Et toi, Juliette ?

— Moi, j'ai un vieux, ma chère, un vieux épatant !

— Ça doit te changer de tes gigolos ?

— Oh ! oui, et je vous prie de croire qu'il n'était pas trop tôt !

— Calé ?

— Nous n'avons pas encore abordé la question, mais je suis bien tranquille : c'est un bonhomme tout ce qu'il y a de plus chic.

— Qu'est-ce qu'il vend ?

— Rien ! Il était préfet sous l'Empire.

— Ça ne le rajeunit pas, ça, surtout si c'était sous le premier Empire.

— Ah ! dame ! ça n'est plus un potache ; mais quoi ! faut bien qu'on s'amuse à tout âge !

— Et toi, est-ce que tu t'amuses avec lui ?

— Je m'amuse... sans m'amuser... C'est un maniaque, ce bonhomme-là, un drôle de maniaque, même !

— Tu nous dégoûtes, Juliette ; mais raconte-nous tout de même la manie de ton bonhomme.

— Eh bien ! il n'a qu'une passion, celle de m'arranger les pieds.

— T'arranger les pieds ?

— Oui, il s'amène tous les matins, après mon tub : « Et ces jolis petons ? » qu'il me dit. Alors, il sort une petite trousse de sa poche, et le voilà qui s'amuse à me tripoter les patoches avec des petits ciseaux, des petites limes, de la poudre et tout... Les premiers jours, j'avais peur qu'il me fasse mal; mais non, au contraire, il est très adroit, ce vieux bougre!

— Faut peu de chose pour l'amuser, dis donc.

— J'aime autant ça, entre nous.

— Comment l'as-tu connu?

— C'est un soir, à la brasserie, Alfred qui me l'a présenté... Alors, il m'a dit qu'il m'avait vu danser et que j'avais des jolis petits petons, et patati, et patata, et que si je voulais qu'il vienne le lendemain matin, il aimerait bien les voir au naturel...

— Quoi, tes pieds?

— Bien sûr, mes pieds.

— Il y en a qui les aiment mieux à la Sainte-Menehould.

— C'est bon pour toi... Alors, pour en revenir à mon vieux, comme il avait vraiment l'air très chic, avec des moustaches cirées, je lui ai donné mon adresse, et voilà huit jours que ça dure. J'attends jusqu'à la fin du mois pour lui causer sérieusement.

Les petites camarades de Juliette semblaient intéressées au plus haut point, et c'était à qui d'elles raconterait les plus étranges perversions génésiques dont elles avaient été témoins ou confidentes.

— Oui, ma chère, j'ai connu un vieux qui ne s'amusait que comme ci, et un autre qui ne s'amusait que comme ça...

Et elles ne manquèrent plus, chaque jour, de s'informer auprès de Juliette :

— Et ton vieux ?

Un soir, Juliette accueillit l'interpellation avec des sanglots dans la réponse :

— Mon vieux, ah ! mes petites chattes,

quel lapin !... J'ai reçu un mot de lui : il me demandait cent francs, vingt visites à cent sous... C'était un pédicure, pauvres petites, un pédicure pour de vrai !

— Tu disais qu'il avait été préfet sous l'Empire ?

— Ça n'empêche pas.

RÉVOLUTION

DANS LA NAVIGATION A VOILE

Quantité de lecteurs m'écrivent journellement pour se plaindre du silence en lequel je laisse croupir les faits et gestes du Captain Cap.

Le Captain Cap n'est plus mon ami, et, désormais, le nom de ce navigateur ne sortira plus de ma plume.

J'aurais voulu ne point revenir publiquement sur cette triste affaire, mais comme, à l'heure qu'il est, Cap est sans doute sous les verrous, il n'y a plus d'indiscrétion à révéler une des plus honteuses turpitudes de ce siècle et de laquelle toute la presse s'occupera demain.

Le Captain Cap a tout simplement vendu à l'Allemagne le plan de mobilisation, en temps de guerre, des bateaux-lavoirs de la Seine.

Les conséquences de cette trahison n'échapperont à personne : c'est la Seine livrée à l'ennemi, depuis Rouen jusqu'en Bourgogne, c'est Paris à la merci d'un coup de main.

Comment Cap a-t-il pu se procurer le plan de mobilisation ? Rien de plus simple.

Sans faire officiellement partie de la commission d'armement des bateaux-lavoirs, le Captain y était souvent appelé à titre de conseil, car c'est un des hommes qui connaissent le mieux au monde cette importante question.

Il lui fut, dès lors, très facile de prendre copie de certaines pièces tenues secrètes pour tout le monde.

On se perd en conjectures sur les causes qui ont pu déterminer notre ancien ami à commettre une action aussi vile.

Ce n'est pas le besoin d'argent, le Captain étant fort riche et gagnant encore des sommes énormes dans le trafic de l'ivoire et des queues de mulot.

Alors quoi ?

Serait-ce pas plutôt son parti pris farouche d'anti-européanisme qui l'aurait poussé à faire plus cruellement se déchirer deux grandes nations de cette Europe abhorrée ?

Quoi qu'il en soit, après une enquête des plus sérieuses, on est arrivé à se convaincre de la culpabilité du traître et Cap a dû être arrêté ce matin au petit jour.

J'étais depuis plus d'un an au courant de cette louche affaire, mais dénoncer un si vieux camarade me répugnait et je préférai laisser les choses suivre leur cours.

Vous direz tout ce que voudrez, mais je considère comme un événement bien triste l'effondrement d'une géniale personnalité.

Sa dernière invention est une de celles qui bouleversent le monde et marquent une ère nouvelle dans l'histoire du monde en général et dans celle de la navigation à voile en particulier.

Alors que toutes les branches de l'industrie ont accompli tant de progrès depuis un millier d'années, seule, la navigation à voile est restée stationnaire.

On a certainement amélioré le gabarit des bateaux, perfectionné la disposition de la voilure, etc., etc., mais pas une idée réellement nouvelle n'est venue révolutionner la marine.

Il était réservé à Cap, l'honneur de ce pas décisif.

Et combien simple, pourtant, son idée!

Le Captain remplace les voiles des bateaux par une série de moulins à vent dont la force captée et totalisée fait mouvoir une puissante hélice.

Le vent ainsi utilisé comme moteur, au lieu de l'être comme propulseur, jouit d'une puissance trois fois et demie plus considérable (le calcul en a été fait devant moi).

Par une bonne brise, le nouveau bâtiment du Captain Cap peut arriver à ses vingt-sept nœuds, ce qui, vous l'avouerez, constitue une jolie vitesse pour un simple voilier.

Ajoutons que le bateau avec tous ses moulins offre un spectacle infiniment plus pittoresque que les simples navires à voiles et même à vapeur.

L'avenir est là.

Quel malheur qu'un aussi merveilleux inventeur se double d'un sinistre félon !

L'HOMME

QUI AIME A SE RENDRE COMPTE

— Oui, mon cher, je suis comme ça, j'aime à me rendre compte par moi-même.

— Tu es un sage.

— Ainsi, on prétend que par les matinées de brouillard, comme celle d'aujourd'hui, l'absorption d'un verre de rhum est éminemment hygiénique ; assurons-nous-en.

Un petit café, précisément, nous tendait les bras :

— Garçon, deux verres de rhum.

— Voilà, messieurs.

Quand nous eûmes dégusté :

— Il n'est pas fameux, garçon, votre rhum.

— Nous en avons du meilleur, monsieur, à soixante centimes le verre.

— Je parie que c'est le même.

— Pour qui monsieur nous prend-il ? s'indigna le garçon.

— Alors, donnez-nous deux verres de ce fameux rhum... J'aime bien me rendre compte.

Le second rhum ressemblait au premier comme un frère à son jumeau.

Nous sortîmes, non sans avoir manifesté notre mécontentement par quelques vocables triviaux et désobligeants.

Tout près de là, un écriteau, posé sur des bourriches d'huîtres devant l'humble établissement d'un marchand de vin, tira notre attention : *Arrivage direct tous les matins.*

— Quelle blague ! fit mon ami. Arrivage direct ! Arrivage de la Halle, probablement. Si nous nous rendions compte ?

Rien ne creuse comme deux verres de mauvais rhum absorbés coup sur coup : je consentis.

Nous arrosâmes les huîtres d'un léger vin blanc assez guilleret, suivi d'un petit vin gris des Ardennes de l'authenticité duquel mon méfiant ami voulut s'assurer.

Le petit vin gris des Ardennes se laissa déguster avec une telle complaisance que, cinq minutes plus tard, une bouteille de sauterne le remplaçait sur la table.

— Du sauterne ! Ah ! il doit être chouette, son sauterne !... Enfin, nous allons bien voir.

Ce système d'investigation se poursuivit ainsi pendant toute la matinée.

La plupart des apéritifs connus furent l'objet d'une sérieuse enquête personnelle.

— Je te parie que ce n'est pas du vrai Pernod !... Gageons que ce quinquina n'est pas du vrai Dubonnet !...

Et moi, pour flatter sa manie, je m'informais si le curaçao était du vrai curaçao de Reischoffen, et si la bouteille d'anisette portait bien la signature Béranger.

Midi sonna.

Nous nous disposions à prendre mutuellement congé, quand mon ami avisa deux messieurs qui filaient sur leur tandem, tels deux cerfs lancés d'une main sûre.

— Messieurs, messieurs ! arrêtez-vous, cria mon ami.

L'un des deux gentlemen se retourna, interrogatif.

— Oui, vous ! insista mon camarade. Stoppez au plus vite !

L'HOMME QUI AIME A SE RENDRE COMPTE

Les messieurs s'arrêtèrent, descendirent et vinrent à nous.

— Merci, messieurs, d'avoir si gracieusement obéi à ma prière. Maintenant, je vois que vous êtes deux ; vous pouvez continuer votre promenade.

— Mais, monsieur, que signifie ?...

— Oh ! mon Dieu ! c'est bien simple. Je voulais m'assurer que vous étiez deux, parce que, si vous n'aviez été qu'un, c'est que j'aurais été, moi, abominablement gris... J'aime bien me rendre compte.

TERRIBLE ÉVEIL

On s'était tant diverti au cours de ce soir-là que deux heures du matin sonnèrent au vieux beffroi de la salle à manger, alors que chacun se croyait dans les environs, à peine, de minuit.

On soupa tout de même, et gaiement.

Dehors, l'averse battait les persiennes, sans relâche.

Et, comme de juste, nul cocher ne fut trouvé à la station voisine ni rencontré par le domestique envoyé dans ce but.

Ah ! c'était gai, pour moi qui demeure à 18 verstes de cette maison !

Les autres convives, gens du quartier, en avaient pris leur parti et, à l'heure où nous écrivons ces lignes, ils dormaient déjà.

Soudain, l'hôtesse eut une une idée charmante :

— Mais au fait, pourquoi ne resteriez-vous pas à coucher chez nous ?

— Pourquoi pas ? acquiesça le mari.

Je me débattis légèrement pour faire croire à ma discrétion, mais, au fond, la proposition me souriait volontiers.

Et j'acceptai.

Chambre confortable, lit comme je les aime (ni trop dur, ni trop mou), légère fatigue ; au bout d'un quart d'heure, je dormais d'un excellent sommeil que Luigi Loir lui-même n'aurait pas hésité à signer.

Au tout petit jour, dès patron-minette (selon une expression que je n'ai jamais encore totalement élucidée), je fus réveillé par un fracas, mélange d'objet tombé, de pas qui s'empressent sur le balcon, de cris angoissés d'abord, finalement rieurs.

Puis, tout se tut, comme dit le poète.

Je tentai un rendormissement, mais bientôt j'étais réveillé par la jolie petite femme de chambre de mes hôtes, fraîche comme une rosée, rose comme une rose et niaise comme... (Ah ! si j'étais méchant !)

— Madame, dit cette petite fleur des champs, madame m'envoie voir ce que monsieur prend le matin.

Ce que je prends le matin ?

Je sais bien, moi, ce que j'aurais pris ce matin-là, et peut-être bien qu'elle eût consenti à me laisser prendre, la petite fleur des champs ; mais je tins à me montrer digne d'une hospitalité si gentiment offerte, et je *pris* du lait, de l'albe et simple lait, du lait.

— A propos, Marie, qu'est-ce que c'est que ce tapage que j'ai entendu ce matin ?

— Oh ! c'est rien, monsieur, c'est une cage aux lions qu'a tombé sur le balcon.

— Une cage aux lions ! tressautai-je sur ma couche.

— Oui, monsieur, une cage aux lions.

— Avec des animaux dedans ?

— Oui, monsieur, quatre... Mais ils n'ont pas eu de mal, les pauvres bêtes. La cage était solide.

L'air ingénu de cette fille écartait tout soupçon de mystification.

Mais alors ?... Une cage aux lions !

Est-ce que je ne rêvais pas ?

. . . .

Non, je ne rêvais pas.

Un simple malentendu : une cage, en effet, appartenant à la famille Lyon, avait causé le tumulte, une cage contenant quatre serins, une cage que la bonne des Lyon avait malhabilement laissé choir sur le balcon d'en bas.

Et les Lyon ignorent encore l'émoi que la chute de leurs petits volatiles détermina dans l'âme d'un galant homme attardé chez leurs voisins du deuxième.

(*Historique*.)

NOTES DE VOYAGE

J'acceptai d'autant plus volontiers l'invitation de mon camarade Cecil à inaugurer son coquet petit hôtel (mille et quelques chambres) de Salisbury Street (near the Victoria Embankment), qu'une autre et grave affaire m'appelait à Londres, le lendemain mardi.

Il s'agissait d'un assez curieux match dont je demanderai à ces messieurs et dames la permission de dire deux mots, malgré l'instinctive répulsion que j'éprouve toujours à entretenir le public de ma falote personnalité.

Déjà, en octobre dernier, M. Mac Larinett, le crack écossais bien connu, m'avait lancé un défi, un bizarre défi : qui de nous deux ouvrirait le plus de parenthèses en dix minutes anglaises (la minute de Greenwich correspond assez exactement à soixante de nos secondes françaises).

Cette fois, j'acceptai.

La lutte, d'après l'avis de M. Pierre Laffitte, l'éminent matchologue, fut des plus passionnantes.

Au bout des cinq premières minutes, tout le monde me croyait battu.

Moi-même, je me reprochais déjà d'avoir risqué une si grave épreuve au lendemain d'un banquet à Cecil Hotel, quand, soudain, je me sentis rentrer en forme.

A la septième minute, j'avais rattrapé l'avance du champion écossais.

A la neuvième, je le doublais, et finalement j'arrivais, comme disent les techniciens, dans un fauteuil, battant Mac Larinett de vingt-trois parenthèses quatre cinquièmes.

L'enjeu étant déposé dans une Banque bruxelloise, je m'embarquai, le lendemain même, à Douvres, sur le magnifique steamboat *Princesse-Henriette*, qui, trois heures après, me déposait à Ostende.

Pendant la traversée, je fus témoin de plusieurs scènes, dont l'une, tragi-comique, me paraît valoir la peine d'une relation :

Un gros Anglais, visiblement pris de boisson, avait pris place avec nous sur le *deck* du paquebot.

Chose étrange, en dépit du vent, malgré le réel roulis et l'indéniable tangage de la pauvre *Princesse-Henriette*, cet insulaire pochard était le seul des passagers qui se promenât sur le pont avec la tranquillité de feu Sir Baptist, les mains dans ses poches, aussi droit que s'il eût arpenté, à jeun, les allées d'Hyde-Park.

J'eus bientôt l'explication du phénomène.

Le gros Anglais était si gris qu'il ne tenait pas debout : mais, par une heureuse fortune, chacun de ses roulis ou tangages personnels correspondait précisément à un roulis ou tangage contraire du bateau.

Les mouvements de l'eau compensaient exactement ceux de l'alcool, et, de ce conflit, résultait une parfaite stabilité.

Où les choses se gâtèrent, ce fut quand, au milieu de la traversée, le comptable du bord fit le contrôle des billets.

Très poliment, il s'approchait de chacun et demandait avec un délicieux accent belge :

— Ticket, please?

Quand ce fut le tour de notre poivrot :

— Ticket, please?

Notre poivrot eut l'idée de faire une excellente plaisanterie en jouant l'homme qui n'a pas de ticket :

— I have no ticket!

— You have no ticket?

— No ticket!

— No ticket?

(Pour la commodité de ce récit, je vais reprendre l'emploi de la langue française.)

Le comptable de la *Princesse-Henriette* mit à ce jeu une douceur infinie.

L'Anglais continuait à ne rien savoir : il n'avait pas de ticket, et puis voilà !

Alors, le brave Flamand perdit patience :

— Ecoute une fois, monsieur, si tu n'as

pas de billet, je regrette beaucoup, mais tu ne peux pas rester ici.

Et, empoignant l'Anglais par la peau du cou, il le jeta à l'eau.

FIN

TABLE

A la russe ou la basane collective. 1
Isidore 7
Le lion, le loup et le chacal 13
Ébénoïd 19
Cupides médicastres. 23
Le lard vivant. 29
La malencontreuse prononciation. 35
Simple croquis. 41
Poète départemental 45
L'inhospitalité punie. 51
Un nouveau pneu 57
Un point de droit 63
Unification 69
Pratique. 75
L'art de s'amuser quand même au théâtre. 81
Abaissement du prix du gaz 87
Un bonhomme vraiment pas ordinaire. 91
La nouvelle direction de l'Odéon 99
L'année diplomatique 105

Pour un faux-col.	111
Une vocation.	117
Un patriote	123
Néfaste, — parfois, — influence de Jean Richepin sur la lyre moderne	129
Le kangoucycle	135
Farce légitime.	141
Historique d'une mode beaucoup plus vieille qu'on ne croit généralement.	147
Mieux qu'une sœur! ou un rude coup pour le pauvre amoureux	153
Le charcutier pratique.	159
Fâcheuse confusion	163
Le bon bûcher.	167
Une innovation à laquelle tout le monde applaudira.	173
Truc funèbre et canaille employé par cette vieille fripouille de père Furet.	179
Fraude	185
Dynastic.	191
L'ascenseur du peuple	197
Artillerie	203
The Smell-Buoy.	209
Batrachomatisme.	215
La profession tue le sentiment	221
Le veau aux carottes	227
Un nouveau monopole d'État	233
Stricte observance	239
Pénible malentendu	245
Révolution dans la navigation à voile.	251
L'homme qui aime à se rendre compte	257
Terrible éveil	263
Notes de voyage.	269

ÉMILE COLIN. — Imprimerie de Lagny.

www.ingramcontent.com/pod-product-compliance
Lightning Source LLC
Chambersburg PA
CBHW050645170426
43200CB00008B/1168